質問型営業の流れとおもな質問フレーズ

アプローチ		プレゼンテーション	クロージング	フォローアップ
第1段階	第2段階			
お客様の「生き方や考え方」を理解し、人間関係を築く	欲求・ニーズを明確にして、お客様自身の「実現したい」という欲求を高める	課題を明確にして、お客様の欲求・ニーズを解決する提案を行なう	お客様自らが判断し、購入するようにサポートする	お客様が価値、利益を実感しているかを確認し、紹介へとつなげる
「私どもの会社をご存じですか?」	「そういう中で、○○についてはどのようにお考えですか?」	「なぜ、お話を聞こうと思われたのですか?」	「プレゼンをどのように思われましたか?」	「使っていただいて、どのような変化がありますか?」
「なぜ、この会社に入ったのですか?」「なぜ、この会社をつくられたのですか?」	「今後はどのようにしていきたいとお思いですか?」	「もう一度、会社の現状と望んでおられることをお聞きしたいのですが」	「では、このお話を進めていこうというお考えですか?」	「どのように活用されたのでしょうか?」
「今、どういうことを大事にされておられるのですか?」	「それに対して何か今までに取り組んでこられたのでしょうか?」	「その現状を突破して、望みを実現するための『課題』は何ですか?」	「あとどのようなところをお考えですか?」	「自分にとってよかったことを他の人にも広げませんか?」
	「これらのことを何とかしたいとお思いですか?」		「お客様自身はどのようにしたいのですか?」	「誰かに聞かせてあげたくないですか?」
	「あらためて詳しいお話を聞かれませんか?」		「本音のところどうですか?」	

「説明」せずに「質問」する！

図解

新人の「質問型営業」

青木 毅

同文舘出版

はじめに

「営業には、やり方があったのか！」
「お客様とのコミュニケーションにも、シナリオがあるんだ！」
「一体、俺の努力はなんだったんだ⁉」
「でも、これが本当だったら、俺は営業のトップになれるかも！」
　このようにして、私の営業人生は幕を開けました。今から 32 年前のことです。
　小さい頃から話ベタのあがり症。人前に出ると小刻みに体が震える自分が嫌で、なんとか自分を変えようと悪戦苦闘の学生時代。いろんなチャレンジをするも、結局、克服できずじまいでした。
「これでは社会に出ても萎縮してしまうだろう」という恐れから、小さな飲食会社へ就職。7 年間必死で勤めましたが、あえなく倒産。
「やっぱり俺みたいな人間は、いくらがんばってもしょせんダメか」。がっくりと肩を落としている時に友人から誘われたのが、前職の教育教材を販売するフルコミッションの営業でした。
「難しい仕事かもしれないが、こういう世界に身を置いて自分を成長させないと、今のままではだめだ。この仕事は自分を鍛えるチャンスだ。どうせなら、人生かけてみよう！」と、話ベタであがり症のくせして、変なところで陽転思考。一念発起して、その会社へ再就職したのです。
　これがドツボのはじまりでした。やっても、やっても、売れない毎

日。見通しはゼロ。

「一体どうするんだ！　俺はどうなるんだ⁉」。困りに困ってやっと手をつけたのが、その会社の営業マニュアルとトークスクリプトでした。それまで気にも留めていなかった営業マニュアルとトークスクリプトを、一言一句、なめるように読みました。営業マニュアルに線を引き、気づいたことを書き込んでいきました。トークスクリプトは、お客様を質問で引きつけてから商品説明をするという流れで、自然に話ができるまで徹底的に覚え込みました。

「自己流ではだめ」という結論にたどり着いた私は、とにかく、書いてあるとおりにやってみることにしたのです。

　それが、奇跡を起こしました。出会う人へのプレゼンテーションががらりと変わり、トークスクリプトどおりの会話で自然に契約。そんなことが立て続けに起きました。

　再就職したのが４月。営業マニュアルとトークスクリプトを学習しはじめたのが９月。それが10月からの大躍進につながり、気がつけばその年１〜12月の営業成績で、新人の私が全国営業マン1000名以上いる中で６位となったのでした。

　ここから私の人生は大きく変わり、現在に至るまで32年間、常にトップ営業マンと呼ばれるようになったのです。

　常に携えていた営業マニュアルとトークスクリプトは、社会の変化に合わせて、大きく変えていきました。特にＩＴの発展によってお客

様が情報収集することができるようになり、商品説明を聞いてもらえない事態が急増しました。

　そこで、単にお客様を引きつけるために使っていた「質問」をメインに据え、お客様の欲求・ニーズを確認した上で商品を提案する「質問型営業」という独自の方法へと進化させたのです。

　質問型営業を開発して18年。一般企業や個人に指導をはじめて7年。出版された本は6冊。すべてが増刷し、発行総数は10万部。質問型営業を指導した人は3万人を超えています。

　その中で、今回の本ができ上がりました。新人から一般の方まで使える、「質問型営業のマニュアルとトークスクリプト」の本です。

　あなたが営業に苦手意識を抱いているとしたら、あなたは営業について、そして話し方・聞き方について、まだ勉強をしたことがないだけです。経験を重ねればわかってくる？　それではあまりにも時間がかかりすぎます。まずは本書を徹底的に学び、完全に覚え込んでください。

　事実、私も若い頃に営業について勉強してから、営業成績が飛躍的に伸びました。営業未経験だった私に奇跡が起こったように、どうか、あなたもこの本で奇跡を起こしてください。

もくじ
図解 新人の「質問型営業」

はじめに

1章 営業の仕事とお客様の心理

なぜ、お客様は買ってくれないのか？
お客様に歓迎される営業がしていること

① 営業はなぜ嫌がられる？
　▶お客様の心理と営業を取り巻く現状 ………… 12
② お客様が買っているのは"モノ"ではない
　▶お客様は何にお金を払っているのか？ ………… 14
③ 「思っていること」を知り、「考え」を明確にする
　▶お客様が購買行動を起こす流れ ………… 16
④ お客様が自ら話すことで、意識し、自覚する
　▶質問の効果 ………… 18
⑤ お客様の欲求を知ることからはじまる
　▶質問によって、思い・考えを知る ………… 20
⑥ お客様を購入へと進める
　▶現状・欲求・問題・解決への取り組み・欲求の再確認・提案 ………… 22
⑦ 営業とは何？
　▶「売る」ではなく「買ってもらう」ための行為 ………… 24
⑧ 質問型営業の流れ
　▶質問によって思い・考えを整理し、段階を進める ………… 26

2章 質問型営業のアプローチ 第1段階
警戒心を取り除き、人間関係を深める

① **アプローチによって営業は決まる**
　▶種類・方法・価格帯によって変えていく ……………………………… 30

② **「ご挨拶に参りました」**
　▶今日来た目的を伝え、警戒心を解く …………………………………… 32

③ **「このお名前はなんとお読みするのですか？」**
　▶「ところで」からお客様自身のことを質問する ………………………… 34

④ **「なぜ、この会社に入ったのですか？」**
　▶会社のことを聞き、入社動機・設立動機から「思い」を質問する …… 36

⑤ **「どんなことを大事にされているのですか？」**
　▶お客様の生き方・考え方、延長上の未来を知る ……………………… 38

⑥ **なぜ、個人的なことを質問するのか？**
　▶お客様の人柄を知ることで、「役立ちたい」と純粋に思える ………… 40

⑦ **お客様の人柄をイメージできるようにする**
　▶お客様の話の聞き方 ……………………………………………………… 42

⑧ **「たとえば？」「なぜ？」で話を明確にする**
　▶2つのフレーズで「イメージ」をはっきりさせる ……………………… 44

⑨ **お客様の反応が薄い場合には？**
　▶質問内容よりも共感が重要 ……………………………………………… 46

⑩ **ほめる、共通項を見出す**
　▶お客様の反応をさらによくするには？ ………………………………… 48

⑪ **「たとえば……」「○○のように見える」**
　▶お客様が質問に答えやすいようにきっかけをつくる ………………… 50

⑫ **「私どもの会社をご存じですか？」**
　▶飛び込みの初訪問で余計なことを言わない …………………………… 52

⑬ **「トークスクリプト」（台本）をつくる**
　▶電話でアプローチする際の注意点① …………………………………… 54

⑭ **温かく優しい声で、感謝と喜びを表現する**
　▶電話でアプローチする際の注意点② …………………………………… 56

3章 質問型営業のアプローチ 第2段階

本音で話してもらい、真の欲求を引き出す

① 心を開いた状態で「現在」に戻ってもらう
　▶アプローチ第2段階で何をすべきか？ ……… 60

② 「そういう中で、○○の現状は……」
　▶自社の商品・サービス分野の現状を聞く ……… 62

③ 「今後はどうしていきたいとお思いですか？」
　▶「欲求」を聞く ……… 64

④ 「それに対して何か取り組まれましたか？」
　▶「解決への取り組み」を聞く ……… 66

⑤ 「これらを何とかしたいとお思いですか？」
　▶欲求を「再確認」する ……… 68

⑥ 「お客様の思考速度」に合わせる
　▶どこまでもお客様に「思い」、「考えて」もらう ……… 70

⑦ 「あらためて詳しい話を聞かれませんか？」
　▶提案─プレゼンにつなげるひと言 ……… 72

4章 反論と逃げ口上への対処法

① 「忙しい」「お金がない」「今はいい」の3つ
　▶反論・逃げ口上の種類 ……… 76

② ねぎらいと共感を示す
　▶反論・逃げ口上を言われたら？ ……… 78

③ 「たとえば、それはどのような状況ですか？」
　　▶共感のあとは質問とねぎらいで具体的に状況を聞く ……………… 80

④ 「実は、そういう方にこそ……」
　　▶3回目ではじめて提案する ……………………………………………… 82

⑤ なぜ反論や逃げ口上を切り返せないのか？
　　▶ひるんでしまうから。ロープレを繰り返して場数を踏む ………… 84

5章 質問型営業のプレゼンテーション

① 「なぜ、話を聞こうと思われたのですか？」
　　▶プレゼン冒頭で動機を聞く ……………………………………………… 88

② 話を聞こうと思った理由を口にしてもらう
　　▶営業マンをコンサルタントへと変える魔法の質問 ………………… 90

③ 再度、「現状」と「欲求」を聞く
　　▶お客様の口から「現状」「欲求」を話してもらい、自覚を促す …… 92

④ 「課題」「解決策」と順に質問する
　　▶特に「課題」を深掘りし、一番の「課題」を見つける ……………… 94

⑤ 「お客様、それが解決できるんです！」
　　▶欲求を再確認し、提案はひと言で ……………………………………… 96

⑥ お客様の言葉を使って話をする
　　▶感動するプレゼンのコツ ………………………………………………… 98

⑦ リズムとテンポ。緩急強弱
　　▶引きつけるプレゼンのコツ ……………………………………………… 100

⑧ カタログの効果的な使い方
　　▶「お客様、これをご覧ください！」。興味を引いてから出す ……… 102

⑨ 大勢の前でのプレゼンのコツ
　　▶参加者の1人に事前に話を聞く。それが全員の課題 ……………… 104

⑩ 業界、役職、状況の違うお客様への対処法
　　▶毎回、対応策を考えていく ……………………………………………… 106

6章 質問型営業のクロージング

① クロージングに入るベストタイミングは？
　▶テストクロージングで判断する ……………………………… *112*

② 「プレゼンをどのように思われましたか？」
　▶プレゼンの感想を聞き、「思い」を強める ……………………… *114*

③ 「何か、引っかかるところがありましたか？」
　▶堂々と遠慮なく質問する ………………………………………… *116*

④ 「では、お話を進めたいというお考えですか？」
　▶「考える」段階に入れば、クロージング ……………………… *118*

⑤ お客様の未来を想像して喜ぶ
　▶クロージングでの注意点 ………………………………………… *120*

⑥ 高額商品ほどクロージングの時間を惜しまない
　▶クロージングにかける時間は？ ………………………………… *122*

⑦ 「考える」の対処法
　▶共感し、気がかりな点を具体的に聞く ………………………… *124*

⑧ 「相談する」の対処法
　▶相談相手との関係を聞き、お客様の意思を伝えてもらう …… *126*

⑨ 「本音のところどうですか？」
　▶なかなか最終判断をしてもらえない時のひと言 ……………… *128*

⑩ それでも決められないお客様への対処法
　▶どこまでもアドバイザーとしての立場を守る ………………… *130*

7章 既存客のフォローアップ

① **なぜ、フォローアップが必要なのか**
　▶新規開拓だけでは限界がくる ……………………………………………… *134*

② **口コミ・紹介の増やし方**
　▶適切なフォローアップが重要なカギ ……………………………………… *136*

③ **「どのような変化がありますか？」**
　▶顧客に採用後の変化を具体的に聞く ……………………………………… *138*

④ **「どのように活用されたのでしょうか？」**
　▶喜んでもらえていない場合、状況を聞いてアドバイスする …………… *140*

⑤ **紹介につながる魔法のひと言**
　▶具体的に名前を挙げてもらう ……………………………………………… *142*

⑥ **「誰かに聞かせてあげたくないですか？」**
　▶紹介はまず、プレゼン直後に依頼する …………………………………… *144*

⑦ **継続フォローは「宿題をもらう」**
　▶「お役立ち」のために動く ………………………………………………… *146*

⑧ **お客様の声が仕事の信念をつくる**
　▶フォローアップの最大の目的 ……………………………………………… *148*

8章 こんな時はどうする？ 営業のお悩みQ&A

① 社交的でないと務まりませんか？
　▶社交性はいらない。質問上手になればいい　*152*

② どうしても低姿勢になってしまいます……
　▶「営業」の真の意味を理解しよう　*154*

③ 競合他社と比較されてしまいます……
　▶専門家としてのアドバイスこそが差別化となる　*156*

④ 名刺を集めることが重要と言われますが……
　▶名刺の数より、欲求・ニーズを見極めることが重要　*158*

⑤ 「商品を売る前に自分を売れ」とは？
　▶「自分を売れ」とは、お客様の信頼を得ること　*160*

⑥ 先輩の現場同行はすべきでしょうか？
　▶現場こそ学びの場　*162*

⑦ 断られ続けて落ち込んでしまいます……
　▶営業の仕事には、成長の種がいっぱいある　*164*

⑧ 仕事に自信が持てません……
　▶お客様の喜びの声の確認こそが自信の源　*166*

⑨ お客様の前で堂々と話せません……
　▶質問型のトークスクリプトをつくり、徹底的にロープレする　*168*

⑩ 成長するためには何をすればいい？
　▶「振り返りノート」で改善を繰り返す　*170*

おわりに
質問型営業を習得すれば、「理想」が「現実」に、そして「当たり前」になる

カバーデザイン　ホリウチミホ
本文デザイン・ＤＴＰ　ISSHIKI（川野有佐・徳永裕美）

1章
営業の仕事とお客様の心理

なぜ、お客様は買ってくれないのか？
お客様に歓迎される営業がしていること

① 営業はなぜ嫌がられる?

▶お客様の心理と営業を取り巻く現状

　営業マンに対するイメージをお客様に聞いたら、どんな答えが返ってくるでしょうか?

　多くのお客様は「物を売る人」「商品の説明をする人」と言うかもしれません。「売り込み」「説得」「強引」と言う人も少なからずいます。

　これらは、企業や各営業マンがお客様に染みつかせてきたイメージです。

　物不足から物余りの時代になり、企業間の競争は激しくなりました。そういう中で、営業の仕事は売り込み合戦、値引き合戦へと変わっていきました。

　また、IT化が進んだことで、お客様が自ら得ることができる情報の量は、以前とは比べものにならないほど多くなりました。情報量が少ない時代なら、営業マンが訪問して話をする意義が大きかったでしょうが、今はお客様自身が情報を吟味して商品を比較選択し、購入する時代になりました。そうしたところへ、営業マンが訪問して「商品の説明」をしても、お客様にとってさほど意味はありません。

　しかし、売上を確保しなければならない営業マンは、必死に売り込みます。こうして「売り込む人」「説得する人」「強引な人」というイメージを持つお客様が増えていったのです。

1章 営業の仕事とお客様の心理

> 昔の営業と今の営業

営業マン
お客様、この商品は素晴らしいですよ！

お客様
へえ〜、いいですね

営業マン
お客様、この商品は素晴らしいですよ！

お客様
間に合ってます

昔の営業マンは「説明」だけでも喜ばれた。
今（モノ余り・企業間競争激化・IT化時代）の営業マンは、「説明」だけでは「売り込み」「説得」「強引」と思われる

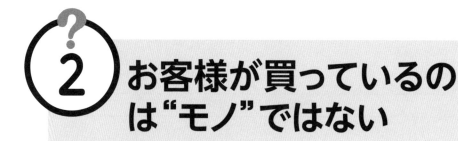

② お客様が買っているのは"モノ"ではない

▶ お客様は何にお金を払っているのか？

　そもそも、「お客様はなぜその商品・サービスを買ったのでしょうか？」

　このように質問すると、お客様は「やっぱり、その商品が欲しいと思ったから」と答えるでしょう。「なぜ欲しいと思ったのですか？」とさらに質問すると、お客様は「困っていたからですね」「その商品があると便利で快適になるからです」と答えるでしょう。

　これは何を意味するのでしょうか？　お客様は商品・サービスを買っているのではないということです。その商品・サービスを購入することによって、お客様の抱えている問題・課題が解決したり、望んでいる欲求・ニーズを叶えられるからお金を払うのです。

　売れない営業マンは、商品・サービスを売ることに必死になります。商品がいかに素晴らしいか、サービスがいかに便利か、そんな話に夢中になってしまうのです。

　でも、お客様はそんなことは聞いていません。**お客様は商品・サービスを購入した後の生活の変化、よくなっていく部分を見ている**のです。商品・サービスという、形あるものにだまされないでください。あなたが売るのはモノではありません。あなたはお客様がそれを購入された後の**変化**を売っているのです。売れる営業マンは、その変化を起こすための解決策を売っているのです。

営業の仕事とお客様の心理　**1章**

> お客様が求めているものは？

低燃費で低価格です！

営業マン

今の車は狭いんだよなぁ……
これなら仕事にも使えるし、
半年後に生まれる子供を乗せるのにもよさそう

お客様

抱えている問題・課題が解決したり、望んでいる欲求・ニーズが叶えられると理解した時に、お客様は商品・サービスを購入する

③ 「思っていること」を知り、「考え」を明確にする

▶お客様が購買行動を起こす流れ

「お客様の心理」について考えてみましょう。人間は皆、感情というものを持っています。自分の環境の中で何かを感じ、何かを思っています。刺激を受けると何かを感じ、何かを思います。それが強まると、感じ、思ったことを考え出します。そして考えがまとまってくると、それを行動に移そうとするのです。

たとえば、「自分の営業成績を上げたい！」と思っているとします。思いが強まると、どうすれば営業成績が上がるかを考えるようになり、考えがまとまり出すと、それを行動に移したくなるのです。

このように人は「感じ、思う」から「考える」へ、そして、「行動」に移していくのです。

ですから、「買う」という行動を起こしてもらうためには、**お客様の「感じること」「思うこと」を強めて、「考え」を明確にする**ことです。その後に、商品・サービスが登場すれば「買うという行動」を起こしてもらえるようになるのです。

お客様の思いを強め、考えを明確にするには、どうすればいいでしょうか？　**「質問」**を使うのです。「**なぜ？**」「**たとえば？**」「**ということは？**」の簡単な質問でもいいのです。

1章 営業の仕事とお客様の心理

「行動」につなげるための3つの質問

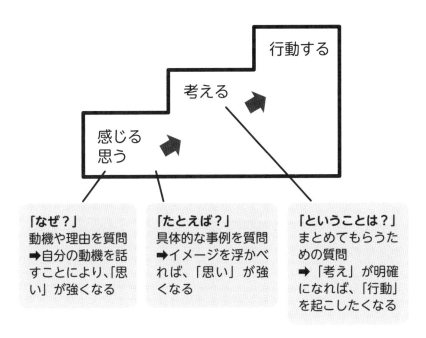

自分の業種に当てはめてみよう

(○○＝保険・リフォーム・車 etc.)

 ○○は重要だと思いますか？

 なぜ、そのように思われますか？

 たとえば、どういうことで思いますか？

 ということは？　お客様にとって、○○はどのようなものですか？

④ お客様が自ら話すことで、意識し、自覚する

▶ 質問の効果

　なぜ「質問」が効果的なのか、もう少し詳しく見ていきましょう。「感じること、思うこと」を質問すると、お客様は自分の気持ちを話します。この時にお客様は「自分はこう思っていたのか」と自身の気持ちを自覚し、再確認するのです。

　自分の気持ちを再確認したお客様は、そのことを実現したいと思うようになり、どうすれば実現できるか「考える」ようになるのです。「考える」ようになったお客様は、その考えを話していく中で、さらに「考えを明確にしていく」のです。

　考えが明確になったお客様は、それを「行動」に移したくなり、自ら行動するようになります。

　お客様には、営業マンの質問に「はい」「いいえ」で答えるだけでなく、その内容について自分の感じること、思うこと、考えることを具体的に言葉にして話してもらいましょう。

　ここで重要なことは、「**お客様自身が話す**」ことです。

　営業マンが上手に質問を投げかけて、たくさん話をしたお客様ほど、最終的に自ら行動に移すようになります。

　質問するのが営業マンの役目です。お客様が８、営業マンは２の割合で話してもらうのがベストでしょう。

営業の仕事とお客様の心理　**1章**

> お客様に8割話していただくことを意識する

どのように感じておられますか？　**感じる・思う**

営業マン

実は …………………………………………………………………
……………………………………………………………………………
……………………………………………………………………………
……………………………………………………………………………

お客様

なるほど。ではどのように考えていきますか？　**考える**

営業マン

そうですね、たとえば …………………………………………
……………………………………………………………………………
……………………………………………………………………………
……………………………………………………………………………

お客様

なるほど。ではどのようにしていきますか？　**行動する**

営業マン

そうですね、では ………………………………………………
……………………………………………………………………………
　　　　　　　　　　　としていきましょうか

お客様

⑤ お客様の欲求を知ることからはじまる

▶ 質問によって、思い・考えを知る

　あなたは商品・サービスをお客様に活用してもらい、喜んでいただくことを使命として日々、営業活動に励んでいることでしょう。ですから一刻も早くお客様に提案したいと思っているのは当然のことです。

　しかし、お客様は違います。お客様は様々な欲求を持っています。問題や課題も抱えています。お客様の頭の中には、それらの思いや考えが入り混じっているのです。

　ですから、あなたがまずやるべきことは、自分の商品・サービスのことは傍らにおいて、お客様自身を知ろうとすることです。お客様の欲求や課題を知ることです。

　まず、あなたがお客様自身に興味・関心を持ち、お客様の現状や欲求を聞きましょう。「何を欲しているのか？」「何を必要としているのか？」「何を求めているのか？」を聞き出すのです。そこから、はじめてあなたの提供している商品・サービスの分野へと入るのです。そこで入れなければ、その分野への興味・関心を聞くのです。

　営業のポイントは、お客様の欲求・ニーズです。そのために「質問する」ことが効果を発揮するのです。

　大事なことは、お客様の欲求やニーズがわからないままにやみくもに説明に入らないことです。商品の説明をする前に、お客様のことを知るのが先です。

1章 営業の仕事とお客様の心理

質問によって、お客様の思い・考えを知る

❓6 お客様を購入へと進める

▶ 現状・欲求・問題・解決への取り組み・欲求の再確認・提案

　商品やサービスによっては、お客様を購入へと進めるために、各段階でさらに詳しい質問をします。

（1）「感じること」「思うこと」の段階：①現状は？　②欲求は？

　現状と欲求に関する質問に答えることによって、お客様は自分自身の現状を自覚し、思いが強くなります。

（2）「考えること」の段階：③問題・課題は？　④解決への取り組みは？

　欲求を実現するための問題・課題や、解決するために何に取り組んだかについて質問することによって、行動への欲求が強まります。

（3）「行動」の段階：⑤欲求の再確認　⑥提案

　あらためて欲求を実現すること、問題・課題を解決することに対する欲求を確認する質問をして、解決方法を提案します。⑥の提案は、簡単な資料だけで詳細なパンフレットはいりません。質問だけでコミュニケーションをとり、この段階を進めていくのです。

　ただし、これはお客様があなたの提案したい商品・サービスの分野の話題について興味・関心を持ってもらった場合にのみ有効です。

　この分野へどのように持っていくか、段階をどのように進めていくかは3章でお話しします。ここでは具体的事例で説明しておきましょう。

営業の仕事とお客様の心理 1章

会社のコピー機に不満を持っている場合

感じる・思う → 考える → 行動する

現状は？	印刷が遅い。月に1回はある大量の印刷に困る。印刷の精度も悪い
欲求は？	印刷スピードを速くしたい。印刷を綺麗にしたい
問題・課題は？	コピー機が古い。経費を抑えたい
解決への取り組みは？	忙しいので探せない。経費を抑える方法がわからない
欲求は？（再確認）	何とかしたいとは思っている。いいのがあれば助かる
提案	その方法があるのです。経費を抑えられて、速度が速く、精度がいいものが

7 営業とは何?

▶「売る」ではなく「買ってもらう」ための行為

あらためて、「営業の仕事とは何か」を考えてみましょう。

営業とは「売る」行為ではありません。あくまでも「買ってもらう」行為です。

「売る」とは、営業マンがお客様に対してする行為になります。では「買う」という行為はどうでしょうか? お客様自身の行為です。

商品・サービスをお客様自身が気に入って、ぜひとも欲しいと思ったら、あなたが「売る」ことをしなくても、お客様は「買いたい」と思い、自発的に「買う」でしょう。買ったお客様はどういう心境でしょうか? 商品・サービスのよさ・メリットがわかっているので、活用するでしょう。商品・サービスを紹介してくれた営業マンに感謝するでしょう。商品を大事に使うでしょうし、メリットをいつも感じるでしょう。当然、周りの人にも営業マンを紹介するようになるでしょう。

このように見ていくと、営業という仕事においては、「売る」のではなく、「買ってもらう」ことが非常に重要になるのです。

私自身も「売る」と「買ってもらう」ことの違いを、実際の営業で誰よりも体験しています。あなたも営業において、お客様に「買ってもらう」ことができるようになることが大事なのです。

そして、買ってもらうためには「質問」が効力を発揮するのです。

1章 営業の仕事とお客様の心理

「買ってもらう」ことで成果が上がる

お客様

お客様が「買いたい」と思い、買う
▼
商品のよさをわかっているので、商品を活用する
▼
商品のメリットを受け取る
▼
営業マンに感謝する
▼
周りの人に営業マンを紹介する
▼
紹介の件数が増える
自信を持ち、新規の営業件数も増える
ますます成果が上がる

営業マン

⑧ 質問型営業の流れ

▶ 質問によって思い・考えを整理し、段階を進める

　この章では、営業におけるお客様の心理を主に説明してきました。最終的には、お客様に自ら「買ってもらう」状況をつくり上げることです。

　お客様に自ら「買ってもらう」状況をつくり上げるために、営業の各段階を進めるのです。それは、アポイント・アプローチ・プレゼンテーション・クロージング・アフターフォローの各段階です。

　この各段階を質問によって、お客様が「感じる、思う」「考える」「行動する」と進めていくのです。これができれば、お客様は自ら購入することになるのです。

　この流れこそが、質問型営業のシステムです。これまで営業と言えば、「話す」「聞く」の話し合いで、フィーリングに頼る面が多く、ゴールまでの道筋を説明するのが実に難しいと言われてきました。

　これが簡単なシステムになれば、営業は誰にでもできるものに変わるのです。まさに営業の革命と言えるでしょう。

　次章からは、営業の各段階を具体的に説明していきます。理論、質問中心のトークスクリプト、お客様との話し合いの内容も示しました。新人の営業マンに質問型営業の方法を指導して、入社半年でトップ営業マンになるという事例も出ています。むしろ新人だからこそ、素直に実践することで、結果が出やすいとも言えます。

営業の仕事とお客様の心理　**1章**

質問型営業の流れと段階

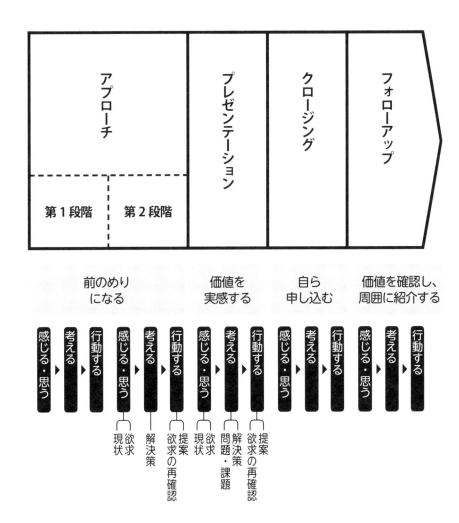

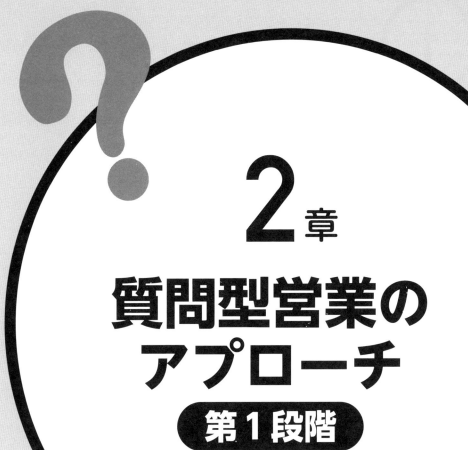

2章
質問型営業のアプローチ
第1段階
警戒心を取り除き、人間関係を深める

アプローチによって営業は決まる

▶ 種類・方法・価格帯によって変えていく

　アプローチはプレゼンにつなげるための段階で、お客様に「話を聞きたい」と前のめりの姿勢になってもらうことが目的です。

　お客様と面会直後にうまく話せれば、お客様はオープンになり、自分自身の欲求やニーズを話してくれます。実現策や解決策についても、あなたの手助けによって一緒に考えるでしょう。その時に、実現策や解決法として商品を提案すればいいのです。

　このようなアプローチができれば、お客様はあなたを営業マンとしてではなく、アドバイザーやコンサルタントとして見てくれるようになります。商品を自発的に採用・購入し、感謝もしてくれるのです。つまり、**アプローチによって、営業は決まる**のです。

　アプローチは2段階に分けられます。第1段階で、今日来た目的を伝えて警戒心を解いた後に、お客様と信頼関係をつくり、本音で話をしてもらいやすい状況にします。

　続く第2段階で、本音で話してもらい、真の欲求・ニーズを引き出します。また、その実現や解決のための話を聞きたいと思ってもらうのです。

　これらのやり方は、業種（特に商品の内容。有形・無形、価格帯等）とその営業の種類（訪問型・来店型）や方法（新規・ルート）によって変わってきます。右のページを参考にしてください。

アプローチの違い

種類	方法	価格帯	第1段階 警戒心を解き、本音を出しやすくする	第2段階 本音を話してもらい、欲求を引き出す	
訪問	新規	低価格	△	○	日常商品等
訪問	新規	高価格	○	○	保険・教育等
来店	新規	低価格	△	○	日常商品等
来店	新規	高価格	○	○	車・保険等
訪問	ルート	低価格	△	○	企業製品
訪問	ルート	高価格	△	○	企業製品

○必要　△特定のものが必要

❓2 「ご挨拶に参りました」

▶ 今日来た目的を伝え、警戒心を解く

　成績の上がらない営業マンは、最初から売る気満々で、すぐに商品の説明をはじめ、買わないと損をするようなことばかりを伝えます。これでは売ることだけが目的になって、お客様に警戒心を持たれるばかりです。

　ですから訪問したら、まず**「挨拶に来たこと」**を伝え、**お客様の警戒心を解く**のです。そして、自社や商品について簡単に話し、その分野の現状、欲求を聞き、「情報が役立つこと」ことを伝えます。「採用する、しないは自由である」ことも申し添えます。

　これを落ち着いて伝えることが重要です。元気ではりきり過ぎると、売り込みと思われて逆効果です。自分に役立ちそうな話なら聞いてくれるのです。

　お客様にとっては、「営業マン」ではなく「専門のアドバイザー」が必要なのです。あなたが新人であろうが関係ありません。専門のアドバイザーと見てもらうには、落ち着いて堂々としていることです。

　挨拶をする時は、お客様の目を見て、笑顔で、30度の角度で会釈をします。足元は揃えましょう。ゆっくりと落ち着いて、声のキーを上げずに、堂々と話をすればいいのです。大きな声ではなく、相手だけに聞こえる声でいいのです。これがプロアドバイザーとしての自信の現われです。

2章 質問型営業のアプローチ 第1段階

専門のアドバイザーとしてアプローチに入る

❶ 落ち着いて堂々と入っていく

❷ 会釈は30度の角度で。お客様の目を見て、笑顔で

❸ 足元は揃える

❹ 挨拶をするときは、ゆっくりと落ち着いて、声のキーは上げずに、堂々と話す。対応してくれた相手だけに聞こえる声でいい

❺ 名刺交換の場合は、先に両手で名刺を差し出し、次に相手の名刺を両手で受け取る

OK　「〇〇会社の△△です。ご挨拶に参りました。ありがとうございます」

NG　「ご案内に参りました」「資料をお持ちしました」（売り込みと思われる）

「自分がお客様だったら、私の話を聞くだろうか？」とお客様目線で確認するために、自分のアプローチの様子を動画で撮ったり、録音をしてみてたしかめる

③「このお名前はなんとお読みするのですか?」

▶「ところで」からお客様自身のことを質問する

　はじめのひと言が終わったら、お客様のことを聞きましょう。「ところで」と言って、話題を変えます。一度話を逸らせるという感じで、お客様のことを聞かせてもらうのです。自分に興味を持ってくれることは、誰でもうれしいものです。特に、お客様自身の経歴などを含め、過去のことを聞かせてもらうのです。

　なぜでしょうか?

　お客様自身の過去のことを知っているのは、ごく親しい仕事仲間や友人、家族に限られます。あなたがそれらを知ると、その人たちと同じような感覚になってもらえるのです。つまり、自然に親密感が増し、心を開いてくれるようになるのです。

　名刺交換をした時がチャンスです。お客様自身の名前に注目し、読み方などを聞くのです。名前の由来や、出身地などを聞くといいでしょう。

　出身地から、土地のことや名所、名物などについて話を膨らませ、お客様自身のことに入っていきます。

　もちろん、その時にあなた自身のことも話しましょう。わずかなことでもあなたとの共通項を見つけられれば、さらに親しみが湧いてきて、楽しい時間になります。

お客様自身のことを質問する

お名前について
① 読み方を聞く …「(珍しいお名前ですが) お名前は〇〇〇とお読みするのですか？」
② 由来を聞く ……「何か由来があるのでしょうか？」

出身地について
① その人に興味を持って出身地を聞く …「ご出身はどちらですか？」
② 出身地をさらに絞って聞く ………………「〇〇県のどちらですか？」
　　　　　　　　　　　　　　　　　　　　　「〇〇県のどのあたりですか？」
　　　　　　　　　　　　　　　　　　　　　「どんなところですか？」
③ 出身地を話題にして聞く ……「〇〇県は、〇〇が名産ですね？」

名所について
① 出身地に行ったことがあって名所等について話題にする ……
　「〇〇（名所、旧跡）は行ったことがありますよ」
　「〇〇な、いいところですよね」
② 出身地に行ったことがなくて名所等を尋ねる ……
　「名所はどんなところがありますか？」「一度行きたいですね」
　「どんなところですか？」

名物について
① 出身地に行ったことがあって名物等の話をする ……
　「〇〇（海の幸、特産品など）がおいしいですよね」「あれは最高でした」
② 出身地に行ったことがなくて名物等を尋ねる ……
　「〇〇（海の幸、特産品など）がおいしいのではないですか？」
　「何が名物ですか？」

誰でも自分自身に興味を持ってもらえると非常にうれしいもの。出身地、土地のことや名所、名物などについて話を膨らませ、お客様自身のことに話を進める。その時にあなた自身のことも話せば、楽しい時間になる

④ 「なぜ、この会社に入ったのですか?」

▶ 会社のことを聞き、入社動機・設立動機から「思い」を質問する

　お客様の名前についての話題が終われば、今度は仕事について聞いてみましょう。会社名の由来や、会社の内容なども聞きます。

　経営者なら「設立して何年になるのか？」「なぜこの会社をつくったのか？」。担当者なら「入社して何年になるのか？」「なぜこの会社に入ったのか？」など、設立動機や入社動機を質問するのです。

　この質問には重要なポイントが隠されています。日々の大半を費やす仕事は、簡単に選んだわけではないはずです。「仕事に対する思い」「人生に対する思い」があるのです。

　仮に動機が弱いとしても、これまで一定の時間を費やしてきたことですから、「仕事をしてきて何がよかったですか？」と質問をすれば、その人の思いを聞けるはずです。

　「思い」を聞くことができると、その「思い」を持つようになった過去の出来事を聞くことができます。それらを聞かせてもらうことで、お客様への親しみがさらに増すのです。

　この時に重要なのは、商品・サービスを売り込むポイントを探すために聞いたり、あなた自身を売り込むために聞いたりしないことです。そのような聞き方ではお客様との会話は途切れてしまいます。あくまでも、お客様のことを知りたいという「純粋な興味」で聞くことです。

> 仕事のことや設立動機・入社動機を質問する

1 会社名の由来や仕事の内容を質問する

- ▶経営者なら 「設立して何年になるのですか？」
  「なぜこの会社をつくったのですか？」と設立動機を質問

- ▶担当者なら 「入社して何年になるのですか？」
  「なぜこの会社に入ったのですか？」と入社動機を質問

- ▶返答が弱いようなら
  「仕事をしていて何がよかったですか？」

- ▶主婦なら 「ご家族は何人ですか？」「お子様はいくつですか？」

2 その「思い」を持つようになった理由を聞く

「なぜその『思い』を持つようになったのですか？」という質問で、さらに過去の出来事を質問する

NG あなたの商品・サービスを売り込むポイントを探すために聞く
あなたを売り込みたいために聞く

OK あくまでも、お客様のことを知りたいという「純粋な興味」で聞く

❓ 5 「どんなことを大事にされているのですか？」

▶ お客様の生き方・考え方、延長上の未来を知る

　設立動機や入社動機を確認したら、さらに、お客様が大事にされていることを聞いてみましょう。

　「今、仕事でどういうことを大事にされておられるのですか？」「どういうことにこだわって仕入れをされているのですか？」「お客様にどういうものを提供したいのですか？」「今後はどのようにしていきたいですか？」

　個人のお客様なら、「なぜ、その趣味に惹かれるのですか？」「ご家族に何をしてあげたいですか？」「将来はどのようにしたいとお思いですか？」

　これらの質問で知りたいのは、お客様自身が大事にしている「生き方・考え方」「その延長上にある未来」です。会社が扱っている商品・サービス、お客様が行なっている仕事、費やしている時間。そこには思いがあり、大事にしていること、そして未来が必ずあります。

　お客様自身がそれを語る機会は、多くはないはずです。あなたが尋ねることで、お客様はあらためて自分自身を振り返り、自分の「生き方・考え方」「延長上にある未来」を再確認します。それらを明確にする機会をつくってくれたあなたに感謝し、親密度が増し、好意を持ってくれるでしょう。もちろん、聞かせてもらったあなたも、お客様に対して好意を持つのです。

2章 質問型営業のアプローチ 第1段階

「生き方・考え方」「その延長上にある未来」を知るための質問

仕事・会社なら

「今、仕事でどういうことを大事にされておられるのですか？」
「どういうことにこだわって仕入れをされているのですか？」
「お客様にどういうものを提供したいのですか？」
「今後はどのようにしていきたいのですか？」

個人のお客様なら

「なぜ、その趣味に惹かれるのですか？」
「ご家族に何をしてあげたいですか？」
「将来はどのようにしたいとお思いですか？」
「お子様の教育で大事にされていることはあるのですか？」
「ご夫婦では何か大事にされていることはあるのですか？」

仕事・会社の話、趣味・家庭の話

「生き方・考え方」「その延長上にある未来」
につなげる

お客様は自身のことを明確にする機会をつくってくれた営業マンに感謝する

⑥ なぜ、個人的なことを質問するのか?

▶ お客様の人柄を知ることで、「役立ちたい」と純粋に思える

どうしてお客様個人のことや、大事にしていることを質問する必要があるのでしょうか? それは、**「お客様のお役に立ちたい」という純粋な動機を、あなたの中で湧き上がらせるため**です。

純粋な動機での提案は、お客様の心に届きます。一方、自社の商品を何とか売りたいという邪(よこしま)な動機なら、お客様は気づきます。人は感性を持っているので、なんとなくわかってしまうのです。

あなたが**どれだけお役に立ちたいという「純粋な動機」を持ってお客様に接することできるかが鍵**です。そのために、お客様の会社や個人的なことを知ることが重要です。

聞けば聞くほど、お客様の人生ドラマが見え、人柄が見えてきます。お客様が大事にしている生き方や考え方、未来が見えてくるのです。

その時、あなたの心の中に、ある感情が湧いてくるのです。それが「いい人だな!」「この人のお役に立ちたいな!」という感覚です。**こうした感覚になってはじめて、お客様のためになる提案をすることができる**のです。

あなたがこのような気持ちになった時、同時に、お客様も「いい営業マンだな!」「この営業マンなら信頼できそうだ!」という感覚になり、心を開いて話をしてくれるようになるのです。

お客様の個人的なことを質問する理由

お客様の個人的なことをたくさん聞く

お客様が大事にしている生き方や考え方、望んでいる未来がわかる

いい人だな!」「お役に立ちたい!」と純粋に思う

| 純粋な思いに基づいた提案ならお客様の心に届く | 「いい営業マンだな!」「信頼できそうだ!」と思ってもらえる |

最初の個人的な話のやり取りで、あなたとお客様は互いに壁を取り払った状態になり、一体感が生まれ、本音で話し合えるようになる

❓7 お客様の人柄をイメージできるようにする

▶ お客様の話の聞き方

　アプローチでお客様のことを知るのは、お客様と親しくなるために重要なことですし、本音で話し合うために欠かせない部分です。

　そのためには、「お客様の話を自分の中ではっきりとイメージできるようにしましょう」と言っています。たとえば「出身はどちらですか？」と質問をして、お客様が「私は九州の福岡です」と答えたとします。そこで「そうなんですか。私の大好きな街です」と返すだけでは、お客様の人柄まではイメージできません。さらに具体的に掘り下げていけばイメージが湧いてくるということです。

　私はイメージを湧かす場合、「頭にスクリーンを用意して、お客様の聞いた話をイメージしていくといいよ」と言っています。たとえば、そのスクリーンがジグソーパズルだと思って、パズルのピースが抜け落ちているところを質問で完成させるのです。もちろん、返答に共感や感動を持って聞くと、お客様は自分に興味を持ってくれたことでとても喜んでくれます。

　個人情報保護が叫ばれる時代に、個人的なことを根掘り葉掘り聞くのは失礼ではないかと言われることもありますが、もし、あなたのことを興味を持って聞いてくれる人がいたらどうでしょうか？　きっとうれしいはずです。それもあなたの話に大きく感心、感動してくれたらなおさらです。

> お客様の姿をはっきりとイメージできるまで質問する

 営業マン
ご出身はどちらですか？

お客様
私は九州の福岡です

営業マン
そうなんですか。私の大好きな街です。福岡のどちらですか？

お客様
博多です

営業マン
あそこは温暖で、人々も陽気で活気がありますね。中洲のあたりも、ムードがあっていいですね。いくつまでいらっしゃったのですか？

お客様
18歳までですね。大学は東京ですから

営業マン
そうなんですね。
お客様はどんな子供さんだったのですか？

お客様
そうですね、元気な子でしたね。
ガキ大将で、みんなを引き連れていました

 営業マン
そうなんですか。学校はどのあたりですか？

お客様
中洲の近くですよ。だから、夜遅くまで遊んでね

 営業マン
じゃ、そういう経験が今の経営者になる素養をつくったのではないですか？

> こうした質問で、お客様がどんな子供時代を送っていたかがイメージとして見えてくる。当時の乗りものや風景、どんな学校だったか、そこでどのような経験をしたか——いくらでも質問できる

⑧「たとえば?」「なぜ?」で話を明確にする

▶2つのフレーズで「イメージ」をはっきりさせる

　お客様の話をしっかり受け取るということは、お客様の話を明確にイメージするということです。実はお客様も話をする時には、自分でもある場面をイメージしているのです。したがって、あなたがイメージを受け取ることができた時には、お客様と同じものをイメージでき、お互いに共有したことになるのです。コミュニティー（共同体）などの言葉にも見られるように、本来、コミュニケーションには、「共有する」という意味があります。コミュニケーションを取ることは、お客様と何かを共有することなのです。

　では、営業マンがお客様の話を明確に受け取るにはどうすればいいでしょうか？　**「たとえば?」「なぜ?」**などの質問で話を具体的にできれば、明確なイメージとして受け取ることができるのです。

　1つの場面が出てきたら、これらの質問を使い、場面を具体的にするのです。「あまりしつこく質問したら、うっとうしがられるのではないか」「嫌がられるのではないか」という心配はご無用です。

　あなたはお客様のことを知りたくて質問をしているのです。それが伝わります。お客様自身も、質問をすることにより、自分のことを考え出すのです。あくまでもお客様に興味を持って、質問をしていけばいいのです。

2つのフレーズで「イメージ」をはっきりさせる

営業マン
じゃ、そういう経験が今の経営者になる素養をつくったのではないですか？

お客様
たしかに、それは言えるかもしれませんね

営業マン
たとえば、その頃の社長はどんな感じなんですか？

お客様
皆を一列にして、行進しましてね

営業マン
それは、なぜですか？

お客様
街の親衛隊とか言ってね。困っている人を助けて回ったんですね

営業マン
小さい頃からすごいですね。
たとえば、どんなことをしたのですか？

お客様
おばあちゃんやおじいちゃんのリヤカー引きを手伝ったりしてね。よく「ありがとう」って言われて、ご褒美に饅頭なんかもらいましたね

営業マン
わー、すごいですね。
そういうことから、何か得たのですか？

お客様
人の役に立つということは、すごくうれしいことだなんて思いましたよね

❓9 お客様の反応が薄い場合には？

▶ 質問内容よりも共感が重要

　アプローチの第1段階で特に重要なのは「質問」よりも「共感」です。それは**あなたがお客様の話をしっかり受け止めているという表現**なのです。どのような返答であろうと絶対に否定せず、受け入れるのです。お客様は、認められればうれしくなり、あなたの質問に進んで答えてくれるようになるのです。
「質問してもお客様が答えてくれない」という悩みを聞きます。これはお客様にあなたが共感していることが伝わっていないのです。
　あなたの共感が伝わっていないとしたら、次の2つの可能性が考えられます。
　まずは、あなたの表現下手ということがあります。これが原因なら、2人でペアを組んで互いに練習し合いましょう。体を大きく前後に振って共感を表現する場合と、そうでない場合とで、お客様役がどのように感じるかを伝えてあげるのです。また、自身の様子を動画に撮って、どのように感じるかを見てみるのです。
　2つ目は、あなたの意識が次の質問に向き、共感どころでない、というケースです。実際には、ゆっくりと深く共感することで、次の質問は自然に浮かんでくるものです。ゆっくりと共感したほうが、質問が浮かびやすいということを実感することが大切です。どちらの場合にも練習をすることで、共感の感覚がわかるようになります。

質問型営業のアプローチ 第1段階 2章

「共感」を伝える表情と声

「共感」 ➡ 「共に感じる」 ➡ 「お客様と共に感じる」くらいでは弱い

お客様の返答に対して「共感」以上の感情を表現する ➡ 「感心」（へーそうなんですね）
「感動」（うぁーすごいですね）
「感激」（ひゃーさすがですね）

「声」と「表情」に、感心や驚きを盛り込む

「君はなんて素晴らしい人なんだ！」「君はなんてひどい人なんだ！」この2つの言葉を、感情を込めて表現するだけでも表現力は磨かれる。動画を撮影して、スタート直後と練習後を見比べてみると、多少オーバーに表現するほうが相手に伝わることがわかる

?10 ほめる、共通項を見出す

▶お客様の反応をさらによくするには?

　お客様の反応をさらによくするには、お客様の返答に共感するとともに「ほめること」です。誰でも自分がほめられるとうれしいものです。自分がほめられると、自分自身が認められた感じになります。

　ほめてくれた人に対しては、よりオープンな状態になります。おおいにほめることを意識すればいいでしょう。

　ほめる言葉は、「素晴らしい」「さすがですね」などの言葉でかまいません。会話の中で特定の事柄をほめれば、ありきたりにはなりません。ほめるときには、照れずにしっかりと気持ちを込めて表現するのです。

　また、日本人は村意識が強いので、「共通項」を見つけることも重要です。たとえば、出身地が一緒だ、同じ街に住んでいた、同じ仕事をしたことがある、同じ趣味を持っている、など共通項があると、急に親しみが湧いてきて、心を開くようになります。

　このように「共感」とともに「ほめること」「共通項を見つけること」などを通して、お客様を認め、距離を縮めることができれば、お客様はよりあなたに対してオープンになり、本音で話をしてくれるようになるでしょう。

「ほめ言葉」を意識して使おう！

さしすせそ
「さすがですね」「知らなかったですね」「素晴らしいですね」
「センスがいいですね」「そうなんですね」「それはすごいですね」

たちつてと
「たいしたものですね」「違いますね」「ついてますね」「天才ですね」
「とんでもないですね」

なにぬねの
「なるほどね」「似合っていますね」「抜きん出ていますね」
「粘り強いですね」「能力がありますね」

「共通項」を探そう！

「出身地」「現住所」
自分も同じ、親せきが同じ、住んだことがある、行ったことがある

「仕事」
同じ関連の仕事、自分も過去に従事したことがある、家族が同じ仕事、友人が同じ仕事

「趣味」
自分も同じ、家族がやっている、やったことがある

11 「たとえば……」「○○のように見える」

▶ お客様が質問に答えやすいようにきっかけをつくる

　営業マンがお客様に質問をしても、答えてもらえない場合があります。質問に対してイメージが湧かない場合や、お客様自身が上手に表現できない場合です。

　この時には、質問に対して補助の言葉をつけ加えてあげるといいでしょう。

　「今、仕事でどういうことを大事にされているのですか？」という質問なら、「たとえば『誠実』という言葉を大事にされている方がいましたが、△△さんなら、どういうことが浮かびますか？」など、**「たとえば」を使って他の事例を出してあげる**といいでしょう。

　あるいは、「『誠実』ということをすごく大事にしているように見えますが」など、**「○○のように見える」**と自分が見た感じを言ってあげると、それをきっかけに話してもらえるようになります。

　また、事前にホームページなどで、相手の会社の理念や現在の方針を調べておけば、「ホームページを拝見したのですが、○○を大切にされておられるのですか？」などと質問を振ることができます。こちらが口火を切ってあげることによって、話をしてもらえる場合もあるでしょう。

　どちらにしろ、お客様に対して、どこまでも興味、関心を持つことこそが、お客様に質問に答えてもらえるポイントと言えるでしょう。

質問に答えてもらうために、行なえばよいこと

事前に確認しておくこと

▶ **企業なら**

　「企業理念」　　　　➡　「○○を大切にされているのですか」
　「最新のトピックス」➡　「○○に力を入れていらっしゃるのですか」

▶ **個人なら**

　「家の雰囲気」　　　➡　「とてもきれいにされていますが」
　「お客様の雰囲気」　➡　「誠実な感じにお見受けしますが」
　「紹介者から」　　　➡　「○○な方だとお聞きしていますが」

会話の中で手助けできること

▶ 「たとえば……」

　「たとえば、『誠実』という言葉を大事にされている方がいましたが、△△さんなら、どういうことが浮かびますか?」

▶ 「――のように見える」

　「『誠実』ということをすごく大事にされているように見えますが……」

12 「私どもの会社をご存じですか?」

▶ 飛び込みの初訪問で余計なことを言わない

　営業とは、お客様の欲求・ニーズを実現・解決するための情報を提供する仕事で、採用する、しないはお客様が決めることです。営業マンが提供する情報だけでも、お客様にとっては有益なものです。そうは言っても世の中には「営業＝売り込み」というイメージがあります。営業とわかると「売り込みだな」と思われ、お客様の対応が粗雑になります。

　ですから飛び込みで訪問する場合なら、余計なイメージを与えないように、第一声はシンプルに表現しましょう。「○○会社の△△です。担当の方はいらっしゃいますか?」といった具合です。用件を聞かれたら「ご挨拶に参りました」と言います。さらに用件を聞かれたら、その時には「はじめてお訪ねしました。私ども――をしています。お伺いしたいことがありまして、担当の方はいらっしゃいますか?」と言います。担当者が出てきたら、「○○会社の△△と申します。私どもの会社は知っていただいていますか?」と挨拶し、すぐさま質問に入ればいいのです。電話の場合もほとんど同じです。

　重要なのは、ここで**余計なことを言わないこと。売り込みと誤解を受け、断られるケースが非常に多い**のです。必要なことを言ったら、すぐさま、質問に切り替えるのです。これは営業を会話によって進めるということです。

2章 質問型営業のアプローチ 第1段階

飛び込み・電話で受付を突破する法

あなた
○○会社の△△です。
担当の方はいらっしゃいますか？

受付
ご用件は何でしょうか？

あなた
ご挨拶に参りました

お客様
ご用件を伺えますか？

あなた
はじめてお訪ねしました。
私ども──をしています。
お伺いしたいことがありまして、
担当の方はいらっしゃいますか？

担当者が登場

あなた
○○会社の△△と申します。
私どもの会社は知っていただいていますか？

必要最低限の挨拶の後、すぐさま質問に入る

余計なイメージを与えないように、アプローチの第一声はシンプルに表現する

13 「トークスクリプト」（台本）をつくる

▶ 電話でアプローチする際の注意点①

　電話でアプローチをする場合にも、営業＝売り込みでなく、情報提供です。そのためには、誤解を受けないように、電話をする時の「話す順番」を事前に準備しておくと効果的です。これを「トークスクリプト（台本）」と言います。

　トークスクリプトはお客様の返答を引き出すように、質問形式をメインにつくり上げます。実際の質問をおりまぜた形で、内容を一言一句書き出すのです。

　特に電話の場合、声だけでやり取りをする分、無駄な言葉があるほど伝わりづらくなります。お客様にわかりやすい、インパクトのあるキーワードを盛り込んで、お客様の感情や返答を予想しながらトークスクリプトをつくりましょう。

　具体的には質問をしながら次のような順番で話すといいでしょう。

　①自分の身元を明らかにする、②自分の提供しているものを知っているかどうかを質問する、③あなたが提供する商品・サービスの分野について考えることがあるかどうかを質問する、④その分野についての欲求や課題を聞く、⑤情報を聞いてみないかと質問する、⑥採用する、しないは関係ないことを伝える、⑦アポイントを取る。

> トークスクリプトの例

❶「○○社の△△です」
　　自分の身元を明らかにする

❷「私どものことは知っていただいていますか？」
　　お客様にすぐさま質問し、興味を引く

　「（自分の商品・サービス）をご存じでしょうか？」
　　あなたが提供する商品・サービスを知っているかどうか質問する

❸「□□の分野についての経費の削減など考えたりされませんか？」
　　あなたが提供する商品・サービスの分野について、あなたが提供できる情報について考えることがあるかどうかを質問する

❹「この分野で経費が20％削減できる情報があれば助かりませんか？」
　　わかりやすく、インパクトのある言葉を使い、欲求を聞く

❺「このような方法があります。よければお伺いしますので、一度話を聞いてみられませんか？」
　　その情報を聞いてみないかと質問する

❻「もちろん、採用する、しないは関係ありませんので」
　　「採用する、しないは関係ない」と伝える

❼「お時間はいかがですか？　今週の火曜日の午前中は空いていますか？」
　　アポイントを取る

14 温かく優しい声で、感謝と喜びを表現する

▶ 電話でアプローチする際の注意点②

　電話で重要なのは、あなたの話し方、表現方法です。電話の場合、「声」だけで伝えなければならないため、魅力がないといけません。

　電話では緊張して、声がうわずります。キーが上がることで声が高くなり、普段の話しぶりとまったく違う甲高い声になったりします。結果、気持ちもうわずり、顔からは脂汗が出て、落ち着いて話ができなくなります（これは面会時にも起こることです）。

　では、電話ではどのような声がいいのでしょうか？　「温かな優しい声」と「自信を持った落ち着いた声」です。

　「温かな優しい声」とは、「小さな子どもに」「お年寄りの方に」かけるような声です。「お客様のお役に立ちたい」という気持ちを持てば、自然と現われるのです。

　「自信を持った落ち着いた声」は、あくまでも情報提供であり、聞いていただくだけでも「お客様のお役に立つ」という気持ちを持てば、こちらも自然に現われるものです。

　お客様が話をしてくださったなら、「感謝と喜び」を表現しましょう。うれしく、ありがたいという気持ちを照れずに表現すると、その声には必ずエネルギーが乗って、「艶のある声」となります。そして「この営業マン、何か違うな！」とお客様に伝わるのです。そうしてはじめて、お客様との会話が噛み合い出すのです。

電話での話し方

① 「温かく優しい声」
温かく優しく言ってもらえると、誰でも話したくなる

② 自信を持った落ち着いた声
声が落ち着くと自分自身も落ち着き、お客様への説得力が出る
喉で声を出すのではなくお腹から声を出す、あえて低い声を出す
語尾は上げずに、下げる

電話に出て、話してくれたことへの「感謝と喜び」を表現する

周りの人が気になる場合は、1人の場所で練習する。
自分の電話の声を録音して聞き直せば、改善点を自覚することができる。改善点がわかれば、電話は上達する

3章 質問型営業のアプローチ

第2段階

本音で話してもらい、真の欲求を引き出す

① 心を開いた状態で「現在」に戻ってもらう

▶アプローチ第2段階で何をすべきか?

　アプローチの第1段階では、お客様自身の「生き方・考え方」「延長上にある未来」を聞かせてもらいました。お客様が営業マンのあなたを「いい営業マンだな」と認めたからこそ、個人的な話までしてくれたのです。もちろん営業マンのあなたも、お客様の話を聞かせてもらって「いい人だな!」「この人のお役に立ちたいな!」と感じました。

　ちょうどこれは、お客様と一緒にタイムマシーンに乗って、お客様の現在からさかのぼり、過去や未来を見て回ったようなものです。

　お客様は自分が大事にしてきたことや未来をあらためて自覚したのです。それを思い出させてくれた営業マンに感謝し、本音で話をしてもらえる状態にもなったのです。

　続く第2段階では、焦点を当てるべきは「現在」です。「**そういう中で、現在はどのような状況なのでしょうか?**」という言葉で現在の状況を聞いてみましょう。心を開いたお客様は、詳しく話してくれるようになります。

　お客様は自分で話をすることによって、現在に立ち戻り、自分や会社の現状をしっかりと自覚するでしょう。そして、現状に対する欲求や不満を自然と湧き上がらせるのです。

質問型営業のアプローチ 第2段階　3章

> 現状を自覚してもらい、現状に対する欲求・不満を湧き上がらせる

営業マン
そういうお気持ちが、
現在の経営にも生かされているんでしょうね

お客様
そうかもしれないですね。とにかく、お客様に役立とうというのが当社のスローガンですからね

「未来」へタイムスリップ　お客様が実現したい未来

営業マン
そんな社長様が、
今後に望んでおられることは
どのようなことですか？

お客様
そうですね。「立派な会社」として
残していきたいですね。
具体的には……

そして「現在」へ戻ってくる

営業マン
なるほど。
そういう中で、
現在はどのような状況なのでしょうか？

お客様
そうですね。今まで順調に伸びてきましたが、
ここにきて、伸び悩みという状況ですね

営業マン
もう少し、具体的に聞かせていただけますか？

お客様
いいですよ。そうですね……

❓2 「そういう中で、○○の現状は……」
▶ 自社の商品・サービス分野の現状を聞く

　では、お客様の現状がわかったところから、商品・サービスの提案について、どのように持っていけばいいのでしょうか？

　何もむずかしいことはありません。現在の状況を十分に聞いた上で「そういう中で（あなたの商品の分野）の現状は……」と再び質問すればいいのです。お客様はあなたが何かの提案に来たことはわかっています。あなたもお客様の役に立てるのは、この分野だとわかっています。

　差しはさむ余地がないほどお客様の話が続いて、自分の商品分野へ話が切り替えられないような場合は、お客様の話がひと区切りついたところで、「いやーっ。お客様のお話を聞いていると本当によくやってこられたのがよくわかります。素晴らしいですね。ではそういう中で……」とほめながら、多少、言葉を長くして、こちらが会話をリードしていくようにすればいいでしょう。

　ここで注意してもらいたいのは、「商品の現状」を聞くのではなく、**「商品分野の現状」を聞く**ということです。「リフォーム」ではなく「住まい」、「保険」ではなく「保障」「資産運用」、「車」ではなく「カーライフ」、「研修やセミナー」ではなく「人材教育」。こうした分野の状況と、それに対してお客様がどのように感じているかを聞くのです。

質問型営業のアプローチ 第2段階　**3**章

> 「そういう中で……」と言って、現状を聞く

そういう中で、
現在はどのような状況なのでしょうか？

お客様
やはり、お客様の買い控えの影響を受けて、
売上が落ちているのです

営業マン
それについて、
社長はどのように感じておられるのですか？

お客様
何とかしなければということで、効率化と成果
アップを今年のテーマにしているんです

お客様の現状を十分に聞けたと思ったら、話がひと区切りついた時を
狙って次の展開に入る

営業マン
なるほど。そういう中で「営業力」についてはど
のようにお考えですか？

お客様
それについても、今後は考えないといけないと
思っているんだ

営業マン
それはどういうことですか？

お客様
今までのやり方ではだめな時代になっています
よね。かと言って、何か新しい手立てがあるわ
けでなく、正直、しょうがなく今までのやり方
できているんです

063

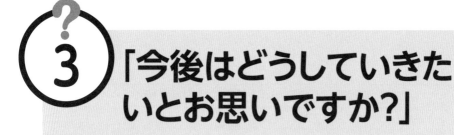

3 「今後はどうしていきたいとお思いですか?」

▶「欲求」を聞く

「現状」の話を聞けたなら、次は「欲求」です。「では、そういう中で、今後はどのようにしていきたいとお思いですか?」と欲求について質問をすればいいのです。

　欲求を聞く際に、これまでの話をまとめようとする営業マンがいますが、お客様の話をまとめる必要はありません。全部理解したという態度で、「そういう中で…」という言葉をきっかけに次の「欲求」に素早く入るのです。そのほうが話が途切れずに進むからです。もし、まとめたほうが流れがスムーズになるような場合は、お客様にまとめてもらいましょう。自分の現状を再度、自覚することになるからです。「現状」から「欲求」に入るタイミングは、あなたが現状をしっかりと聞け、自分の頭の中にイメージができたらいいでしょう。「現状」をお客様がしっかりと話されるということは、自分自身の現実をイメージしていることになります。この時に、「～～のようにしたい」「～～のようにできたらな」という欲求が湧くことになるのです。「たとえば」「なぜ」という質問で、その欲求について深めることです。

　どちらにしろ、あなたが「現状」から「欲求」を聞く流れをしっかり理解し、お客様の話をナビゲートするのです。現状を聞くことができたら、欲求を聞く流れをしっかりつくることです。

3章 質問型営業のアプローチ 第2段階

お客様の「欲求」を聞く

営業マン
ではそういう中で、「営業力」については
どのようになってほしいとお考えですか？

お客様
当社の商品は非常に精密につくっています。
ですから値引き合戦でなく、その価値をしっ
かり伝えて、それを欲している企業に採用
していただきたいですね

営業マン
それはたとえば、どんな企業ですか？

お客様
まず、製品の精度を求めている企業であれば、
喜んでくれると思うんです

営業マン
なるほど。他にもありますか？

お客様
相手先企業の部門でも、仕入れ担当よりも設計
部門ならわかってくれると思うんですけどね

営業マン
それは、なぜですか？

お客様
同じ設計者として、商品やその設計図などを見
てもらえれば、その違いは明らかだからです

営業マン
ということは、「営業」について
どのようなことをお望みですか？

お客様
そうですね。やはり、相手先でしっかりとそれ
をわかってもらえる営業力が必要ですね

④「それに対して何か取り組まれましたか?」

▶「解決への取り組み」を聞く

　お客様の「欲求」を聞けば、つい「提案」をしたくなるものですが、その前にさらなる質問をします。それが「解決への取り組みを聞く質問」です。

　当然、お客様が欲求を持っているということは、いまだに実現できていない、解決できていないということになります。

　そこで、欲求の実現に向けて、お客様は今まで何かやってきたのか? その結果はどうだったのか? やっていないとすれば、なぜやっていないのか? その理由は何なのか? 質問するのです。
「解決への取り組みを聞く質問」は極めて重要です。この質問によって、どれくらいその実現を欲しているのかがわかります。つまり**欲求の程度**です。欲求が高いほど、当然、実現を強く望んでいるのです。ということは、あなたがお役に立てる可能性も高くなり、実現するための商品・サービスの提案も喜んでもらえることになるでしょう。そのことを見極められるのです。

　もうひとつは、解決への取り組みを聞くことによって、どのような方法を使ってきたのか、それらの方法でどの程度解決できたか、あるいは、なぜ解決できないままなのか、ということがわかることです。**これから提案する方法が本当にお客様にとって役立ち、喜ばれる方法なのかを見極めることができる**のです。

3章 質問型営業のアプローチ 第2段階

> 「解決への取り組み」を聞く

営業マン
では、それに対しては何か今までに取り組んでこられたのでしょうか？

お客様
そうですね。何とかしないといけないと思っていたんですけどね。なかなかいいものがなくて。一応、いろいろと調べたり、専門家に聞いたりしたんですけどね

営業マン
なるほど。それでどうだったのですか？

お客様
いいなと思い、契約しようかなと思った業者はあったのですが、ちょっと仕事が忙しくなりましてね。契約しようと思った会社が、私の状況おかまいなしに契約をせっついてきましてね。これって、押しの営業だよなと思ったら、ちょっと嫌になりましてね。白紙にしました

営業マン
なるほど。では、そういう中でお客様が一番望んでおられることはどのようなことですか？

お客様
とにかく、お客様にしっかりと当社の話を聞いてもらえる営業力をつけさせたいですよね。もちろん、相手先企業に興味を持ってもらえる営業力もいりますね。先日の業者のようにせっついてはだめだね

営業マン
なるほど、ご希望はよくわかりました

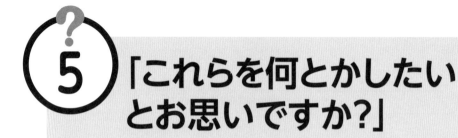

5 「これらを何とかしたいとお思いですか?」
▶ 欲求を「再確認」する

　お客様の「現状」「欲求」「解決への取り組み」と順次聞いてきました。これによって、お客様の状況を理解できたことでしょう。しかし、一番理解したのは、当事者であるお客様自身なのです。
「何とかしていきたい」「しなければいけない」と思っていても、日常の仕事や雑事に追われ、しっかり立ち止まって考える時間が、お客様にはなかったからです。また、考えようと思っても、専門的な見地からアドバイスをもらったことがないので、中途半端な答えしか見つけ出せずに、結局は「また考えよう」と、放ったらかしになっていたのです。
　それが営業マンのあなたと出会って、そのことに対して一緒に考えてもらえたのです。
　ここでは、あらためてお客様に自分の気持ちを「再確認」していただく質問です。
　それは、本人がそのことを本当に何とかしたいと思っているのか?
　そして、そう思っているのなら、本当にその方法を探しているのか?
という**「実現への欲求」**「**解決策への欲求」**の2つです。
　この2つの欲求さえ再確認できれば、あとは提案するだけです。それはお客様の欲求への提案なのです。最も重要なのは、営業マンのあなたが、お客様の要望によって提案を行なうということです。

質問型営業のアプローチ 第2段階　3章

欲求を「再確認」する

営業マン
お客様、今までお話を聞かせていただいた上で、あらためてお聞きしますが、よろしいですか？

お客様
いいですよ

営業マン
先ほどからのお話のテーマである「営業力」について、何とかしたいとお思いですか？

お客様
そうですね。話していて、あらためて最重要課題だと感じました。何とかしたいですね

営業マン
なるほど。では、それを解決できる方法があればどうですか？

お客様
いや、本当に助かりますね

営業マン
なるほど、私どもがそのことを解決できると思いますよ

お客様
そうなんですか。うれしいですね

⑥ 「お客様の思考速度」に合わせる

▶ どこまでもお客様に「思い」、「考えて」もらう

「現状・欲求・解決への取り組み・欲求の再確認」の段階を進めていくにあたって、大切なことがあります。それは、お客様の思考速度に合わせるということです。

「お客様の思考速度に合わせる」とは、**お客様自身が感じ、思い、考える速度に合わせて質問し、どこまでもお客様自身の口で答えてもらう**ということです。

あなたはその分野の専門家として、答えがわかっているかもしれません。しかし、お客様自身がそのことを考えることが必要なので、先回りして答えてはいけません。

「人は自分の思ったとおりにしか動かない」「人は自分の思いどおりに動きたい」というのが人間の行動原則なのです。自ら思い、考え、納得を持って、お客様は自ら行動に移すのです。

もちろん、考える中で答えに困った時に、専門家であるあなたがアドバイスすればいいでしょう。

アプローチでのあなたの役割は、**お客様に自分の思いや考えをとにかく話してもらうこと**です。そのためには、お客様の思考速度に合わせて話を進めることです。そうすればお客様は、自分のことを考え、欲求は高まり、何をしなければいけないかが明確になるのです。

質問型営業のアプローチ 第2段階　3章

> 思考速度はお客様ごとに異なる

質問を投げかけたら、お客様の口からすぐに「思い」や「考え」が出てくるとは限らない。だからと言って先回りして答えるのは禁物。お客様自身が感じ、思い、考え、自身の口で話してもらう

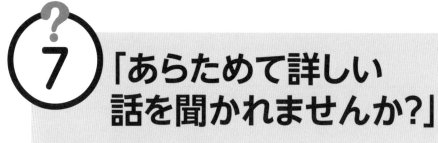

「あらためて詳しい話を聞かれませんか?」
▶提案—プレゼンにつなげるひと言

　お客様はあなたの質問によって考え、解決したいという欲求が高まっています。あなたもお客様に質問をしていく中で、どの部分でお役に立つことができるかがはっきりとし、提案のポイントがわかってきています。

　このタイミングで、「私どもがそのことを解決できると思いますよ」「私どもがきっとお役に立つことができると思いますよ」「と言いますのは、私どもには、今お話しいただいたことへの解決策があるからです。実は……」と、今まで聞いたことをどう解決できるかを話すのです。

　その上で、「私の話がきっとお役に立つと思いますので、具体的に話を聞かれませんか？」と言えばいいのです。お客様が時間を取れないようなら、「では、あらためて詳しい話を聞かれませんか？」と言えばいいのです。

　あとは、お客様に**「では、お話を聞かせてもらいましょう」と言っていただければいい**のです。この状態になれば、お客様は完全に前のめりで営業マンの話を聞く態勢になっています。

　もし、言っていただけなければ、「なぜ聞いてみたいと思われないのですか？」と理由を聞けばいいのです。この対処法については4章「反論と逃げ口上への対処法」を役立ててください。

質問型営業のアプローチ 第2段階 **3章**

> イメージとメリットを伝え、「話を聞かせてほしい」と言ってもらう

営業マン
なるほど、私どもがそのことを解決できると思いますよ

お客様
そうなんですね。うれしいですね

営業マン
と言いますのは、私どもでは、「営業力」についての秘訣を持っているからです。
ＩＴが出て25年。情報を誰もが簡単に取れる時代に、今までのような商品説明一辺倒の営業ではお客様に話を聞いてもらえません。
これからの時代はお客様の欲求・ニーズを引き出し、そこに向かって説明する質問型営業が効果を発揮します。事実、私どもの提案に上場企業から中小企業まで、多くの企業に取り組んでもらって確実に大きな成果をあげています。社長様の言われた形の営業力アップにも必ずお役に立つことができると思いますよ

お客様
それはいいですね

営業マン
具体的に話を聞かれませんか？

お客様
では、お話を聞かせてもらいましょう

073

4章 反論と逃げ口上への対処法

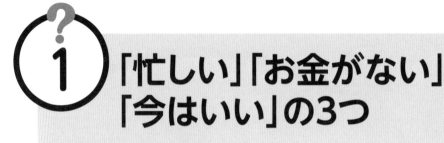

①「忙しい」「お金がない」「今はいい」の3つ

▶ 反論・逃げ口上の種類

　反論と逃げ口上とは何でしょうか？　反論は反対の意見です。逃げ口上はその場を逃げるための言い訳です。これはお客様がアプローチやクロージングの場面でよく言われる言葉です。クロージングの場面についてはクロージングの章でお話します。ここでは主にアプローチの場面での対処法についてお話ししましょう。

　まず、反論と逃げ口上には基本的に3つのパターンしかないことを知っておきましょう。

　それは、「時間」「お金」「利益」です。

　時間については「時間がない」「忙しい」「また今度」というような言葉です。お金については「お金がない」「投資する余裕がない」「他のものに使った」です。最後の利益については「今は必要ない」「いいものかどうかがわからない」「他社と取引がある」です。

　重要なことは、**あなたはお客様が喜ぶことを提案している**と忘れないことです。あなたの商品・サービスがお客様の生活や仕事に役立つから提案しているのに、お客様はあなたの話も聞かずにこうした言い訳を言っているのです。これは、あなたが何かを売りつけにきたと思っているからです。このように、あなたの営業としてのお役立ちの気持ちとお客様の営業に対するイメージに大きなギャップがあることをしっかり理解しておくことです。

4章 反論と逃げ口上への対処法

反論・逃げ口上の種類

時間
「時間がない」
「忙しい」
「また今度」

お金
「お金がない」
「投資する余裕がない」
「他のものに使った」

利益
「今は必要ない」
「いいものかどうかがわからない」
「他社と取引がある」

この商品・サービスがお客様の生活や仕事に役立つ！

営業が売りにきた……

営業マンの気持ち

お客様の受け取り方

お客様の営業に対するイメージが反論・逃げ口上を生む

② ねぎらいと共感を示す

▶ 反論・逃げ口上を言われたら?

　反論や逃げ口上を言われたら、お客様は「あなたが何かを売りつけに来た」と思っていることをまず理解しましょう。お客様はあなたを誤解しているのです。その誤解を解くことがこれらの言葉のあらゆる対処法になるのです。

　まずは**誤解があることをしっかり理解する**ことです。誤解はお客様の今までの経験に基づいているかもしれません。お客様自身が営業という仕事について思い違いをしているのかもしれません。

　そこで、あなたはお客様のそれらの言葉を受け入れ、共感することからスタートします。

　時間については「いろいろとしなければいけないことがありますものね」。お金については「いろいろと必要なお金がいりますものね」。利益については「いろいろとやらないといけないことがありますものね」という具合です。

　ここでの共感は特に重要です。お客様は反論や逃げ口上としてこれらの言葉を営業マンに言われているのです。ある意味、「**私の状況を察してほしい!**」という気持ちです。ですから、その心情を理解し、しっかり受け止め、認め、温かく優しく、共感しなければなりません。その状況を吸収してしまうほど感情移入した共感が必要なのです。

反論と逃げ口上への対処法　**4章**

（　反論・逃げ口上を言われたらねぎらいと共感を示す　）

 私の状況を察してほしい！

切り返しにかかったら、
お客様はさらに防御や反論態勢になる

言われた反論・逃げ口上のすべてを受け入れ、認めるための共感の言葉をしっかり感情移入して言うことが最初の最重要点

時間がない
「いろいろとしなければいけないことがありますものね」

お金がない
「いろいろと必要なお金がいりますものね」

今は必要ない
「いろいろとやらないといけないことがありますものね」

「お客様の状況がよくわかる」「言われたとおりだ」「一切の反論はない」という気持ちを持って感情移入しながら言う

③「たとえば、それはどのような状況ですか?」

▶ 共感のあとは質問とねぎらいで具体的に状況を聞く

　お客様が反論や逃げ口上を言うのは、理由や状況があるからです。共感のあとはそれを理解するように努めてください。

　そこで必要となるのが「質問」です。「たとえば？　それはどのような状況ですか？」「具体的にはどのような感じですか？」と質問してみましょう。状況をあなたが聞けばいいのです。

　そうすると、お客様に状況を話していただけます。状況を理解したあなたは「なるほど、そういうことなのですね」「それは大変ですね」とさらに共感を示します。

　その後、そのような状況でもがんばっているお客様をねぎらいます。「そういう中でも、がんばってお仕事を進めておられるのはすごいですね」「さすがですね」と。

　続けて、さらに質問します。今度は「それに対してどのように対処しておられるのですか？」「たとえば、それに対してどのように考えておられるのですか？」と。

　そして、共感です。「なるほど、そのように対処しておられるのですね」「さすがですね」。再びねぎらい、ほめます。

　ここまでくると、お客様は本当に認められ、受け入れられたことを実感し、あなたに心を開いてくれます。なぜならお客様の反論や逃げ口上を、真摯に聞いているわけですからね。

4章 反論と逃げ口上への対処法

> 共感＋ねぎらい＋質問で具体的に状況を聞く

お客様：他社との取引があるんで、今のところはいいよ

1回目

（共感）営業マン：そうなんですね。当然、今までのお取引もおありでしょうからね

（質問）：今はどちらとのお取引ですか？

お客様：A社ですよ。もう5年くらいになると思うよ

2回目

（共感）営業マン：そうなんですね

（ほめる・ねぎらい）：やはり、お取引先様としっかりと継続してつき合っておられるというのは、さすがですね

（質問）：おつき合いされるポイントは何ですか？

お客様：やはり、納期をしっかりと守ってくれるところかな

3回目

（共感）営業マン：なるほど。そうなんですね

（ほめる・ねぎらい）：さすが、社長のところは、単に価格だけではなく、相手先の内容を見られてお取引をされているのがさすがだと思います

④ 「実は、そういう方にこそ……」
▶ 3回目ではじめて提案する

「共感＋質問」で反論や逃げ口上に対応すると、お客様はあなたを見直すようになります。それは「この営業マンは単にモノを売りたいということではなく、何か違いを感じるな」という気持ちです。お客様の「営業に対するイメージ」が多少なりとも切り替わるのです。

この時に**「実はそういう方にこそ、私どもはお役に立つものだと思っているのです。と言いますのは……」**と続けます。

お客様の問題を解決できることや、今までにない価値を提供できると言えばいいのです。どちらにしろ、お客様にこそ聞いてもらいたい情報だということを伝えるのです。

あなたの言葉を聞いたお客様は、今まで共感してねぎらってくれたあなたに好印象を持ち、聞く耳を持ってくれるようになります。

そこで、引き続き、**多少の時間と話のできる場所はないかどうか**を質問をすればいいのです。

なければその場で話せばいいでしょうし、場所をあらためて提供してくれたら、お客様に商品・サービスについて話ができる大きなチャンスとなるのです。

この時のポイントは、焦らず、落ち着いて対応することです。そしてまずは、お客様のことを聞かせてもらうことです。

3回目ではじめて提案する

お客様
他社との取引があるんで、今のところはいいよ

3回目

(共感)
営業マン
なるほど。そうなんですね

(ほめる・ねぎらい)
さすが、社長のところは、単に価格だけではなく、相手先の内容を見られてお取引をされているのがさすがだと思います

(提案)
実はそういう方にこそ、私どもはお役に立つものだと思っているのです

お客様
それはどういうことですか？

営業マン
実は、私どもでも、お客様に役立つ商品とサービスということで、こだわってやってきているところがあります。
まずは情報を一度聞いていただければと思っているのですが

お客様
なるほど

営業マン
お時間のほうはいかがですか？

お客様
では、30分ほどなら聞かせてもらうけど

営業マン
了解しました。
必ず喜んでいただけると思います。
では、用意をさせていただきますね

なぜ反論や逃げ口上を切り返せないのか?

▶ ひるんでしまうから。ロープレを繰り返して場数を踏む

多くの営業マンはお客様の反論や逃げ口上にあたふたしています。あなたはいかがですか。私も偉そうには言えません。営業についたばかりの頃は、反論や逃げ口上に対してうまく切り返せず、非常に困っていました。

しかし、反論と逃げ口上への対処法を知ってからはほとんど困ることはなくなりました。お客様の心理や反論は大体同じようなものです。

反論と逃げ口上に対応する言葉をシステム化・パターン化すれば、何の問題もなくなります。何よりも、あなたがお客様から何を言われようと堂々と対応できるようになるのです。

どうか、反論と逃げ口上に対する対応法をしっかりと覚えてください。反論や逃げ口上を言われた時に、共感と質問が口から自然に出てくるまで、繰り返し、繰り返し、何百回も徹底的に練習してください。そうすればあなたは今後、それらに惑わされることはなくなるでしょう。ただし100％解決できるということではありません。それでもダメなお客様もいらっしゃるということを覚えておいてください。

大事なことはあなたがお客様に対して、**どのような反論や逃げ口上を言われようが、自信を持って堂々と対応できたか**ということです。

お客様と堂々と対応できたということは、あなたがお客様のお役に立つためにお伺いしている証拠にもなるのです。

4章 反論と逃げ口上への対処法

ロープレで対応法を覚えれば怖いものはない

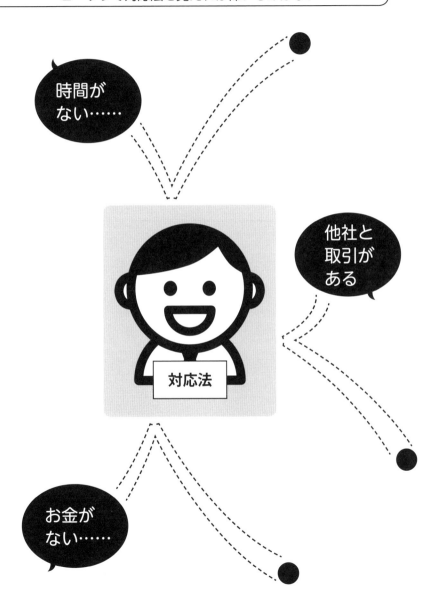

5章
質問型営業のプレゼンテーション

「なぜ、話を聞こうと思われたのですか?」

▶ プレゼン冒頭で動機を聞く

あなたはアプローチの第1段階でお客様に個人的な質問をして、お客様の大事にしていること、生き方や考え方を理解しました。お客様もあなたに話したことによって、より好意的に、オープンな気持ちになっているはずです。そして、第2段階で本音を引き出したことで、お客様は「話を聞いてみよう」と前のめりの状態になっています。

さあ、いよいよプレゼンテーション(プレゼン)に入っていきますが、ここで、お客様をさらに前のめりの状態にする、ダメ押しの質問があります。

それは「**なぜ、話を聞こうと思われたのですか?**」という質問です。

もちろん、「話を聞かれませんか?」と言ったのは営業マンであるあなたです。お客様はそれに対して「では、話を聞かせてもらいましょう」と言ったにすぎません。でも、聞こうと思ったからには、それなりの理由があるはずです。

お客様が「あなたが『話を聞いてみませんか?』と言ったからです」と答えたら、あなたは「たしかに私もそのように言いましたが、**本当に必要でなければ聞こうと思われなかったはずです。その理由は何かあるのですか?**」と質問してみましょう。

この時に注意していただきたいのは、決して詰め寄るような感じを与えず、柔らかく、優しく謙虚に聞くことです。

5章 質問型営業のプレゼンテーション

プレゼン冒頭で動機を聞く

営業マン
今から、私どもの商品の話をさせていただきますね。その前に、もう1つ質問させていただいてもよろしいでしょうか?

お客様
いいですよ。どうぞ

営業マン
なぜ、私の話を聞いてみようと思われたのですか?

お客様
それは、あなたが「聞いてみてはどうですか?」と言ったからですよ

営業マン
ありがとうございます。私もたしかに、そのように言いました。お客様のお役に立つと思いましたので。ただ、お客様のほうで本当に必要でないなら、この時間は取られなかったと思うのです。何か理由がありましたでしょうか?

お客様
そうですね……。実はこのことについては多少気になっていたものですから

営業マン
それはどういうことですか?
もう少し、聞かせてもらえますか?

お客様
以前から、このことについては取り組んでいく必要があるとは思っていたのですが、やらないといけないこともあったので……

089

② 話を聞こうと思った理由を口にしてもらう

▶ 営業マンをコンサルタントへと変える魔法の質問

「なぜ、この話を聞こうと思ったのですか？」は強烈な質問です。これこそ、魔法の質問なのです。

それまで、お客様に営業マンと思われていた状況から、一瞬にして、あなたを専門アドバイザー、コンサルタントに変えてしまう質問なのです。

営業マンの中には「とてもそんな質問はできない」と言う人も少なくありません。お客様に対して失礼な質問だと思っているからです。

しかし、お客様にとってはそんなことはありません。むしろ、「話を聞こうと思った理由」を口にすることで、「自分の課題を今回は真剣に解決しよう」という気持ちになるのです。

「さすがに新人の営業マンにはこの質問は無理では？」とも言われますが、決してそんなことはありません。この質問こそ、どの営業マンも営業の本来の役割である専門アドバイザー、コンサルタントとして、お客様の課題の解決に乗り出すために、ぜひともしなければいけない質問なのです。

この質問であなたは営業マンから専門アドバイザー、コンサルタントへと立場が変わり、お客様に協力者として迎え入れられ、今まで以上に洗いざらい、あなたに本音を吐き出してくれるようになるのです。

魔法の質問と通常の営業トークの違い

魔法の質問		営業トーク
「なぜ、この話を聞こうと思ったのですか？」	トーク	「ぜひ、話を聞いてください」
話を聞く理由を言う	お客様	お願いされたので聞く
自分に役立てるために話を聞く	お客様	営業マンに言われたので話を聞く
自分に役立つかを検討する		説明を聞くだけ
お客様の役に立つために話す	営業マン	売りたいために話す
欲求・ニーズに向かって話す		商品の素晴らしさを話す
専門アドバイザー・コンサルタントに変わる		単なる物売り

❓3 再度、「現状」と「欲求」を聞く

▶ お客様の口から「現状」「欲求」を話してもらい、自覚を促す

　前項で説明した「なぜ、この話を聞こうと思ったのですか？」という質問で、お客様は自分の思いを話し、気持ちはさらにオープンになっているはずです。

　ここであらためて、アプローチで質問した内容について、再度質問をします。それが、「現状」「欲求」です。ただ、アプローチでも質問した内容なので、多少なりともあなたのほうで要約しながら質問するといいでしょう。お客様の話をはじめて聞くような気持ちで聞き、しっかりと共感をして、質問をしたくなったら遠慮なくするといいでしょう。

　同様の質問であっても、お客様はあらためて聞かれることで、前回の内容にプラスしたり、より具体的に答えてくれる場合が非常に多いのです。最後に「前回から、今日までで何か考えられたことはありましたか？」と聞いて、さらに思いを強めてもらうといいでしょう。

　ここで重要なことは、**お客様が自分で再度話すことによって、現状、欲求を思い出し、認識をさらに強めてもらうこと**です。

　「なぜ同じ質問を繰り返すのか」と聞かれないように、質問をする前に「お客様にとにかくお役に立ちたいと思っていますので、再度、現状から確認させていただけますか？」と言ってはじめるのがいいでしょう。

5章 質問型営業のプレゼンテーション

> 再度、「現状」「欲求」を話していただき、自覚を促す

営業マン
とにかくお客様のお役に立ちたいと思っていますので、再度、現状から確認させていただけますか？

お客様
いいですよ

営業マン
前回お聞きしたお話では、現状は今までは順調だったけど、昨年は多少苦戦したとのことでしたね

お客様
そうなんです。当社も今まで順調でしたが、……。今年は、「営業力」を重要なテーマに挙げています

営業マン
そうでしたよね。「営業力」がテーマということでしたが、製品については自信を持っておられるということでしたね

お客様
そうですね。当社の製品の精度が高く……

営業マン
そうでしたよね。結論は、覚えておられますか？

お客様
最終的には、相手先でしっかりと当社の製品をわかってもらえる話ができる営業力が必要だということです

営業マン
ありがとうございます。前回から今日までで、何か考えられたことはありましたか？

お客様
やはり、あらためて「営業力」がポイントだと実感していました

④ 「課題」「解決策」と順に質問する

▶ 特に「課題」を深掘りし、一番の「課題」を見つける

「現状」と「欲求」を再確認したら、続けて「課題」を質問します。「ではその現状を突破して、望みを実現するための『課題』は何ですか？」と聞きます。そうするとお客様は真剣にそのことを考えはじめるのです。

課題はたくさん聞き出そうとせず、1つに絞るといいでしょう。

お客様の課題を引き出すことができたなら、あなたは「**その課題についてどう対処どうしていますか？**」と聞きます。

進んでいるのなら「**どれくらい進んでいますか？**」、うまくいっていないのなら「**なぜ、うまくいっていないのですか？**」と聞けばいいのです。

課題について質問するのは、このプレゼンの段階に入ってからにしましょう。アプローチの段階で課題について質問すると、お客様もわずらわしくなり、「また今度考える」「時間ができたら、そのことにも取り組む」「今の仕事が終わってからやる」などと引き伸ばされたりします。

アプローチでお客様の欲求を高め、前のめりになったからこそ、課題を真剣に考えてくれるのです。

5章 質問型営業のプレゼンテーション

> 特に「課題」を深掘りし、一番の「課題」を見つける

営業マン
「営業力」がポイントだとのお話ですが、その営業力の「課題」は何でしょうか？

お客様
「課題」ですか……。
やはり競合他社との値引き合戦に陥っていることでしょうか？

営業マン
なるほど。
なぜ、そのように値引き合戦に陥っているのでしょうか？

お客様
自社の商品の強みを
前面に出せていないというか、
わかってもらっていないからでしょうね。
詳しく見ていただくと絶対的に違いますから

営業マン
ということは、もう一度、お聞きします。
営業力の課題は何でしょうか？

お客様
商品説明がうまくいっていないということです

営業マン
なるほど。
では、それについての対策としては、どのようなことをやっておられますか？

お客様
現実は何もやっていませんね。
旧態依然のままですね

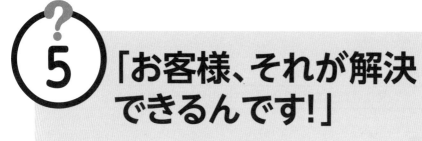

5 「お客様、それが解決できるんです！」

▶ 欲求を再確認し、提案はひと言で

　プレゼンの冒頭で、お客様に説明を受ける理由を聞きました。続いてお客様の現状、欲求を再度聞きました。そして、欲求を実現するための課題と解決策についても聞きました。

　ここであらためて欲求の再確認をして、いよいよ提案に入ります。

　欲求の再確認、提案の方法は、状況によって多少変わってきます。

　アプローチからプレゼンが同じ日に続けて行なわれている場合には、簡単にすればいいでしょう。

　しかし、アプローチとプレゼンの日があいている場合には、右の通りに進めたほうがいいでしょう。

　人間は1日経てば、聞いた内容を74％忘れてしまうからです（エビングハウスの忘却曲線）。

　提案では、今までのことを聞かせてもらって、間違いなくお客様のお役に立てる提案であると確信を持って言うのがいいでしょう。

　アプローチでは「私どもがそのことを解決できると思いますよ」と柔らかく言いましたが、ここでは、アプローチからプレゼンまで、2回も同じようなことを聞いた上での提案ですから、確信をもって言うことで、より真実味を増すのです。

　もちろん、落ち着いた自信を持った言い方をするといいでしょう。

質問型営業のプレゼンテーション 5章

「お客様、それが解決できるんです！」

営業マン
〇〇さん、今まで現状から望んでおられること、それを実現するにあたっての課題と今までに取り組んでこられたことを聞かせていただき、非常によくわかりました。これって、何とかしたいということでしたよね

お客様
もちろんです。何とかしたいですよ

営業マン
それらを解決できる方法を望んでおられるのですね

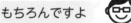
お客様
もちろんですよ

営業マン
今までお話を聞かせていただき、間違いなく私どもの提案がお役に立つと思います！

お客様
本当ですか

営業マン
本当です。実は、私どもが指導している営業力とは、まさに商品の説明能力です。ただ、単なる説明ではありません。効果的な説明をするためには、お客様の欲求やニーズを本当に知り、そこに向かって説明する能力なのです。その方法をお教えするのが私たちの「質問型営業塾」なのです

097

お客様の言葉を使って話をする

▶感動するプレゼンのコツ

　プレゼンで重要なことは、お客様が「感動」するかどうかです。感動と言うと「世間によくある感動話」を思い浮かべるかもしれませんが、そうではありません。

　プレゼンにおける「感動」とは、プレゼンの内容そのものでお客様が感じて動くことです。お客様の心が動くことです。ではどうすればお客様の心が動くでしょうか？

　お客様にとって重要なのは、**欲求を叶える方法、今抱えている課題を解決する方法**なのです。

　あなたがプレゼンでカタログを開いて、商品・サービスを説明しようとする時に、焦点を当てるべきは、ただただ、このことになります。

　特にお客様の欲求・課題については、お客様自身が使った言葉で表現し、どのように解決できるのかを説明してあげるのです。これこそがお客様の望んでいる話です。お客様にとってあなたの言葉は、まるでハーモニーにように聞こえてくるものなのです。お客様はこの時に自分自身に語りかけられているように感じ、心が動くのです。

　ですから、あなたが話をするときには、お客様がそれまで話した言葉をなるべくたくさん使いながら、自社の商品・サービスが課題を解決できるということを話すように心がけてください。それこそが感動のプレゼンとなるのです。

5章 質問型営業のプレゼンテーション

> プレゼンでは「お客様が使った言葉」をたくさん使う

あなた
「質問型営業」の指導では、このような形で、営業のすべての段階をシステム的にしています。この「5段階」は「欲求・ニーズの引き出し方の5段階」と言われています。
先ほどお客様は「営業力」の中でも、商品説明がうまくいっていないということを言っておられましたね

お客様
そうですね

あなた
まず「商品説明」ですが、商品説明をうまくするために最も重要なのが、お客様が「前のめり」になるということです。お客様が商品の説明を聞きたいと思うのは、自分の持っている問題や課題が解決する、欲求やニーズが実現するという期待からです。
それは、商品説明がうまくいくためには、その前提の欲求・ニーズの引き出し、問題や課題の引き出しが重要なのです。質問型営業ではこれを見事に解決します。
どんな業界であろうと、質問によって欲求・ニーズを引き出すことがうまくなるのです

7 リズムとテンポ。緩急強弱

▶引きつけるプレゼンのコツ

　お客様の欲求を叶え、課題を解決することができるということを、パンフレットを使って説明するのです。お客様の課題を解決できることに焦点を絞って話すだけでも、あなたの説明はお客様にとって感動のプレゼンとなるでしょう。

　しかし、せっかくですから、その感動をさらに大きなものにしましょう。そうすれば、お客様にとってあなたの商品・サービスの価値はさらに高まり、スムーズな購入になります。単価アップや他のお客様の紹介にもつながります。

　そのためには、あなたの話し方をより魅力的なものにすることです。具体的には「リズム」と「テンポ」に気をつけるのです。

　リズムとは話の中に緩急強弱をつけること。テンポとは、話のスピードです。これを意識することによって、あなたのプレゼンはお客様にとって、よりハーモニーのように聞こえるのです。

　商品説明がうまくなると、お客様はさらに感動します。お客様の感動はあなたに伝わり、営業マンとしての喜びが倍加するのです。そのためには、事前にカタログの説明をリズム（緩急強弱）とテンポ（スピード）をつけて練習するのです。お客様の現状・欲求・課題を想定して、解決策の内容を、カタログを使って説明するのです。

5章 質問型営業のプレゼンテーション

「リズム」と「テンポ」のつけ方

緩急強弱

一 度 お 話 聞いてみませんか？

「一度」「お話」
重要な言葉を強く
ゆっくりと言う

「聞いてみませんか」
ある程度予測できる言葉は、
弱く素早く言う

OK 話の語尾の
トーンを下げる ▶ 顎が引く ▶ 落ち着いて
話ができる

「聞いてみませんか？」

NG 話の語尾の
トーンが上がる ▶ 顎がつき出る ▶ 話がうわずり、
せわしなくなる

「聞いてみませんか？」

緩急強弱をつけて話すことでリズムとテンポがよくなり、「あのー」「えー」といった無駄な言葉がなくなり、非常に聞きやすくなる（言葉の緩急強弱により、呼吸がリズミカルに整い出し、「間」に息を吸うようになるため）

❓8 カタログの効果的な使い方

▶「お客様、これをご覧ください！」。興味を引いてから出す

　カタログの内容は会社によって違うでしょうが、商品内容を載せているという点ではどこも同じでしょう。カタログを、お客様はなぜご覧になるのでしょうか？　それは商品に興味があるからです。

　なぜ興味を持つのでしょうか？　自分が現在、困っていること、課題にしていることが解決できるかもしれないからです。つまり、カタログを見せることは、課題の解決方法を提示することに他ならないのです。

　いろいろなカタログを用意して、お客様に数多く持って帰ってもらう営業マンもいます。これはただゴミになるだけの、意味のない行動です。**お客様は興味もないのに、あるいは多少の興味だけで熱心にカタログを見ることはない**のです。

　大事なことはお客様の欲求・ニーズの解決方法です。カタログを出す前に、「現状」「欲求」「課題」「解決策」「欲求の再確認」と順に聞いてから、カタログを提示するのです。その上で、課題の解決策の部分を提示するのです。

　あなたがカタログで説明しなくても、解決策が載っている部分をお客様に提示するだけで、むしろ自分から熱心に読んでくれるのです。解決策の言葉はお客様に染み入るように入っていくでしょう。

　カタログの使い方をよく理解しましょう。的確に活用するのです。

5章 質問型営業のプレゼンテーション

カタログはお客様の興味を引いてから出す

興味がない状態でカタログを出しても熱心に見てもらえることはない

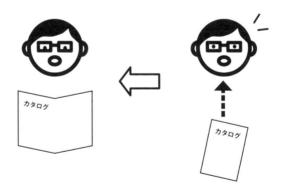

「これに自分の課題を解決する方法が載っているかもしれない」という状態になっていれば、カタログを熱心に見てもらえる

⑨ 大勢の前での プレゼンのコツ

▶ 参加者の1人に事前に話を聞く。それが全員の課題

　マンツーマンの商談が多いあなたには、大勢を前にしたプレゼンの機会は少ないかもしれませんが、お客様の要望で、数人のグループ、6～8人の前で話してほしいといった依頼も出てきます。

　そんな場合でも、基本的にマンツーマンと同じと考えて大丈夫です。これくらいの人数なら全員に目が届きます。あなたがマンツーマンで行なってきたことをグループに行なえばいいのです。商品・サービスの目的を簡単に説明して、聞いている「現状」と「欲求」をあなたが話します。そして「課題」へと入っていくのです。

　これらについて、事前に参加者の1人にインタビューしておけばいいでしょう。1人の課題は全員に共通するものだからです。当日、会場入りしてからスタート前に、もう1人にインタビューしておけば、自信をもって話に入っていけます。

　こうして「現状」「欲求」「課題」を絞り込んだ上で、解決方法を提示するのです。解決策として商品・サービスの説明をするのです。

　人前で話をするときに注意したいのは、全員に向かって話をしないことです。人間というものは大勢の中の1人という感覚はあまりうれしくないものです。あくまでも自分ひとりを見てもらいたいのです。

　1人ひとりに語りかけるようにすれば、全員が耳を傾けてくれます。あくまでも自然体で、いつもの声と話し方で話せばいいのです。

大勢の前でのプレゼンのコツとは？

1 事前にシナリオをつくっておく

担当者から事前に参加者の欲求・ニーズを聞いた上でシナリオをつくる

「①目的、②現状、③欲求・課題、④解決策、⑤提案」の流れでパワーポイントなどでつくる。質問もおりまぜておく。

(一度シナリオをつくったら、以降は同じものをベースに使っていく。あなたの話を聞きたいというお客様の欲求・ニーズは同じ)

2 練習する

音声や映像を撮って、何度も確認する。自分で「これならOK」と言えるまで練習する

3 1人でいいから、会場でも事前にインタビューをする

4 プレゼンがスタートしたら、参加者1人ひとりに語りかけるように話す

カまず、普段どおりの声で、リラックスして話をする

⑩ 業界、役職、状況の違うお客様への対処法

▶ 毎回、対応策を考えていく

　営業先のお客様の業界、部門、役職はさまざまです。すべてのお客様に対応できる固定的な営業方法などありません。1人のお客様に対してであっても、アプローチやプレゼンなどの段階ごとに状況は変わります。これらについて、どのように対応すればいいのでしょうか？

　答えは、**毎回、対応策を考えて出向いていく**ということです。当社の推奨している「シミュレーションシート」というものがあります。これは事前にお客様の状況を書き出し、対応策を考えるものです。出かける当日、10分間くらいで書き上げるのです。

　対応策を持って出かけることにより、自信を持ってお客様に臨むことができます。この自信によって、お客様先で思わぬ展開になっても、焦ることなく対応することができるのです。

　シミュレーションシートは次の順番で書いてください。実は、これはアプローチの第2段階やプレゼンでお客様に投げかける質問の順番とほとんど同じです。

　①目的、②状況（現状と気持ち）、③欲求、④障害（課題）、⑤解決策、⑥具体的行動段階、⑦感想、⑧振り返り。

　これらを書き込んで準備をすれば、あとはお役立ちの気持ちをしっかり高めて、面会するだけです。「自分はお役に立つために、お客様のところにお伺いする」ということを肝に銘じて出かけるのです。

質問型営業のプレゼンテーション　5章

シミュレーションシート（課題解決）　　　年　　月　　日

①あなたの課題

②状況は？（お客様の現状・気持ち）
1）
2）
3）
4）
5）

③欲求は？
相手：
自分：

④一番の障害（課題）は？　（お客様 or 自分）

⑤解決策は？
1）
2）
3）

⑥具体的行動段階は？
1）
2）
3）
4）
5）

⑦記入後の感想は？

⑧実践後の振り返り　　　月　　日　　日後

記入例は次ページ ➡

シミュレーションシート（課題解決）　2017年1月10日

①あなたの課題　今日の教育担当者にどのようにアプローチするか？

②状況は？（お客様の現状・気持ち）
1）営業力をつける方法を探しているようだ
2）資料を送ったが、電話で興味があることを言っていた
3）会社は200人で、対応は教育担当者
4）もともと問い合わせがスタートだった
5）電話などでの感触はよかった

③欲求は？
相手：営業力をアップさせたい！
自分：当社の営業塾でお役に立ちたい！

④一番の障害（課題）は？（お客様 or 自分）
必要と思い込んですぐ説明に入ってしまう

⑤解決策は？
1）とりあえず状況をよく聞く
2）何を求めているかを聞く
3）その上で提案

⑥具体的行動段階は？
1）挨拶、当社の簡単な会社説明。お客様の会社について聞く
2）教育について聞く。なぜお問い合わせをくださったのかを聞く
3）今まで取り組んできたことを聞く。何を望んでいるかを聞く
4）当社の営業塾の特徴と実現できること、実例をお話しする
5）あらためてプレゼンの日を設定する。決裁者の同席を依頼する

⑦記入後の感想は？
お客様が説明を要求してきても、まず状況から聞く

⑧実践後の振り返り　　1月11日　1日後
やはり説明を依頼されたが、状況確認をして、次のプレゼンにつなげた

5章　質問型営業のプレゼンテーション

シミュレーションシート（課題解決）　2017年2月2日

①あなたの課題　今日の社長にどのようにプレゼンを行なうか？

②状況は？（お客様の現状・気持ち）
1）50人の会社の社長へのプレゼン
2）社長自身も過去に営業をしてきた
3）ITの普及で営業が変わっていることは理解している
4）本を読んで、営業方法への理解がある
5）前回のアプローチで会社等のことはしっかり聞いている

③欲求は？
相手：新しい営業法で業績をアップさせたい！
自分：営業塾の社内導入でお役に立ちたい！

④一番の障害（課題）は？（お客様 or 自分）
自社に本当に役立つのかという心配を持っている

⑤解決策は？
1）前回の話をどう思ったか？なぜ、今回話を聞こうと思ったか？
2）導入への不安を先に聞く
3）その不安を解消するプレゼンをする

⑥具体的行動段階は？
1）前回の感想を聞く。どう思ったか？　前回から考えたことを聞く
2）なぜ今回、話を聞こうと思ったかを聞く
3）もし、導入するなら何が不安かを聞く
4）その不安を解消するためのプレゼンをする
5）クロージング前にじっくり感想を聞く

⑦記入後の感想は？
焦らず「お役立ち」のためのプレゼンをする

⑧実践後の振り返り　　2月3日　1日後
じっくり話ができ、納得していただいた。次回、社員の前でプレゼン

6章 質問型営業のクロージング

① クロージングに入る ベストタイミングは?

▶ テストクロージングで判断する

　プレゼンが終わると、最終段階のクロージングに入ります。この時に重要なのは、プレゼンからクロージングにどのように入っていくかということです。

　クロージングとは契約です。「プレゼンのあと、契約へ」と聞いて、どう思いますか？　急ぎすぎていないでしょうか？　お客様に、心の準備ができていないように感じないでしょうか？

　そのとおりです。クロージングの前に、必要なことがあるのです。それが「テストクロージング」です。テストクロージングとは、クロージングに入るかどうかをテストすることです。

　つまり、お客様が契約に入る気持ちがあるかどうか、その気持ちをテストするのです。

「人は自分の思った通りにしか動かない」という話をさせていただきました。どんな人でも、「感じ、思う気持ち」が強くなると、「考える」ようになります。その「考え」が自分の中で明確になって、はじめて自ら「行動」に移すのです。ですから、あなたのプレゼンを聞いて、お客様がどのように「感じ、思ったのかの気持ち」を聞くのが先です。その気持ちが強ければ、お客様は自ら行動を起こし、契約に入っていくのです。ですから、クロージングよりも重要なのはテストクロージングということになります。

6章 質問型営業のクロージング

クロージングのタイミング

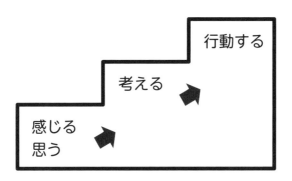

テストクロージング	テストクロージング	クロージング
どれくらい「思い」が高まっているか？	どれくらい「考え」が固まっているか？	契約
「感じる・思う」が強くなると、「考える」ようになる	「考える」が明確になると、「行動する」ようになる	

テストクロージングを積み重ねて、契約（クロージング）に進んでいく。
「人は自分の思ったとおりにしか動かない」が大原則

❓2 「プレゼンをどのように思われましたか?」

▶ プレゼンの感想を聞き、「思い」を強める

　クロージングは、お客様の「感じる、思う」→「考える」→「行動する」という段階を進めていくことです。「行動」、つまり「採用・購入」へと促す行動がクロージングで、「感じる、思う」「考える」を次の段階へと促すことをテストクロージングと言います。

　では、テストクロージングでどのようにすればいいでしょうか。「感じる、思う」の段階では、あなたは「**プレゼンをお聞きいただき、どのように感じられましたか？（思われましたか？）**」と質問します。これがスタートです。

　「話がよかった」という答えには「**どこがよかったですか？**」と質問するのです。返答が漠然としているなら、「**もう少し具体的に言っていただけますか？**」と聞きましょう。

　内容がわかれば、「**それは、あなたにどのように役立ちそうですか？**」と聞きます。さらに「**それによって、どのようなことが起こりそうですか？**」などを聞いていきます。よさそうなところ、どう役立ちそうか、どんなことが起こりそうかを聞くことによって、お客様は実際に味わったような感覚になり、採用したくなるのです。

　1つのことを掘り下げて聞いてから、さらに別のことを聞くことで、お客様の思いはどんどん高まっていきます。気持ちが高まると、商品・サービスの採用を「考える」ようになるのです。

質問型営業のクロージング **6章**

> プレゼンの感想を聞き、「思い」を強める

あなた
プレゼンをお聞きいただき、どのように感じられましたか？

お客様
よさそうだなと思いましたよ

あなた
ありがとうございます。具体的にはどこがよかったですか？

お客様
「欲求・ニーズの引き出し方の5段階」などは、現実的に私も使っていたので、非常に使えそうですね

あなた
なるほど。どのように使えそうですか？

お客様
この段階を知っていると部下にも教えられますね

あなた
それによって、どのようなことが起こりそうですか？

お客様
今まで部下に営業を教えることに難しさがあったのですが、これであればわかってくれそうですね。部下が伸びそうですね

あなた
そう言ってもらえると、うれしいですね。もう1つ印象に残ったところをあげるとすると、どこですか？

お客様
そうですね。……

③「何か、引っかかるところがありましたか?」

▶堂々と遠慮なく質問する

　プレゼンが終わってお客様に感想を聞くと、「いいのですがね……」などとあいまいな返事が返ってくることがあります。

　このような返事に対処するには、お客様の心理を理解しておく必要があります。

　お客様がアプローチで話を「聞いてみたい」と思ったからこそ、プレゼンの段階に入りました。そして、最後まで話を聞きました。まったく乗り気でないならば、ここまで時間を費やすことはなかったでしょう。興味・関心があるからこそ、話が進んできたのです。ですから、あいまいな返事の時には、反対意見ではなく、何か気になるしっくりいかない点があると捉えて、解決すればいいのです。

　お客様に「**何か、引っかかるところがありましたか?**」と堂々と遠慮なく質問します。返答に対しては共感をして、「具体的には?」「どのようなことですか?」と聞いていきます。さらなる返答にも共感をして、「お客様はどのように思われますか?」と質問し、今度はお客様にしっくりいかない点を考えてもらいます。お客様が興味・関心を持ち、採用するわけですから、自分なりの解決法を見出してもらう必要があるからです。最終的には「ということは?」でお客様にまとめてもらいます。最後にお客様が納得できたかどうかを聞き、もう一度、プレゼン後の感想に戻ります。

6章 質問型営業のクロージング

堂々と遠慮なく質問する

あなた: プレゼンをお聞きいただき、どのように感じられましたか？

お客様: よさそうですけどね……

あなた: そのように言われるのは、何か引っかかっていることがあるのですか？

お客様: 私にはわかるのですが、当社の営業マンにできるかなと思いましてね……

あなた: なるほど。それはどのようなところですか？

お客様: 簡単そうなんだけど、これが本当に言えるのかなと思いましてね

あなた: なるほど。お客様はどう思いますか？

お客様: 現状の営業は行き詰まっていますから。新しい方法がいりますものね。これくらい簡単にしてもらっているのだから、やはり、やらないとね

あなた: そうですね。質問型営業の研修では、そのためにロープレに時間はしっかりとって指導をさせていただきますよ

お客様: なるほどね

「では、お話を進めたいというお考えですか?」

▶「考える」段階に入れば、クロージング

「感じ、思う」段階の感想がよければ、次は「考える」段階に入ります。お客様が「どのように考えていくか?」ということです。当然、お客様からいい感想をもらったわけですから、考えも前向きになっていることでしょう。ですからあなたは「ということは、**このお話、進めていこうというお考えですか?**」と少し柔らかく、謙虚にテストクロージングをすればいいでしょう。

この時の注意点は、**あまり大きなはっきりとした声で質問しないこと**。いつもの半分くらいの小さな声で囁くように言うのがコツです。

人が考えをまとめるときには、静寂が必要です。あなたも物事を考え、結論を出すときには騒音のするところでは判断がしにくいでしょう。お客様の考えがまとまりやすいように、静かに聞きます。

そして、「はい」と言われたら、「あと何かご質問はありませんか?」と聞くのです。「ない」とか「大丈夫です」と言われれば、「では具体的に進めていきますね」とクロージングに入ります。

「金額」や「納品」などの質問については、「わかりました。それも含めて、具体的にお話ししていきますね」と当たり前のようにクロージングに入っていきます。何か躊躇しているようでしたら、「何か、引っかかるところがありましたか?」と聞いて解決してあげればいいのです。

6章 質問型営業のクロージング

「考える」段階に入れば、クロージング

あなた: ということは、このお話、進めていこうというお考えですかね？

※柔らかく謙虚にお客様に質問する
※あまり大きな声やはっきりとした声で質問しない。いつもの半分くらいの小さな声で囁くように言うのがコツ

お客様: そうですね／はい

あなた: あと、何かご質問はありませんか？

お客様: ないですね／大丈夫ですね

あなた: では具体的に進めていきますね

お客様: あとは、金額的なことだけですね／納品などはどうなりますかね

あなた: わかりました。それも含めて、具体的にお話ししていきますね

お客様: わかりました

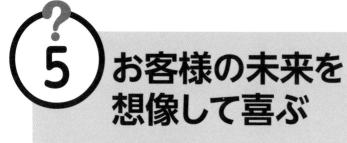

⑤ お客様の未来を想像して喜ぶ

▶ クロージングでの注意点

「では具体的に進めていきますね」という言葉が最終の「行動」、クロージングの段階になります。ここでは、契約書を出して、具体的な話をしていきます。

ここで重要なことは、あなたは自分の契約が成立したことを喜ぶのではなく、専門アドバイザーとして「**よかった。きっとこれでお客様に私どもの商品・サービスを役立ててもらえる**」と喜ぶことです。

お客様があなたの商品・サービスを活用して喜んでいる姿を想像するのです。自分のために喜ぶのでなく、お客様のことを思って喜ぶのです。

だからこそ、その商品・サービスから利益をしっかりと得てもらうために契約の内容、支払い、納品、活用法、フォローアップまで十分に説明する必要があるのです。これを**営業の後始末**と言います。

お客様はあなたが最終最後までしっかりとやってくれているかどうかを、意外にきちんと見ています。

どちらにしろ、契約はお客様のために行なっているのであって、あなたのために行なっているのではないことを、くれぐれもしっかりと理解しておくことです。

クロージングでの注意点

1 契約はお客様のために行なうもの。あなたのために行なっているのではない

2 「では具体的に進めていきますね」と言うときには、専門アドバイザーとして「よかった。きっとこれでお客様に私どもの商品・サービスを役立ててもらえる」と喜ぶこと

3 お客様があなたの商品・サービスを活用して喜んでいる姿を想像する。自分のために喜ぶのでなく、お客様のことを思って喜ぶ

4 その商品・サービスから利益を得てもらうために、契約の内容、支払い、納品、活用法、フォローアップまで十分に説明＝営業の後始末をする。お客様はあなたが最終最後までしっかりとやってくれているかどうかを、意外に見ている

「これでお客様に商品・サービスを役立ててもらえる」と、お客様の未来を想像して喜ぶ。お客様は営業マンが最後までしっかりとやっているかを見ている

⑥ 高額商品ほどクロージングの時間を惜しまない

▶ クロージングにかける時間は?

　テストクロージング、クロージングにかける時間はどれくらい必要かという質問を受けることがあります。私が経験してきたケースでは、10分程度で終わったこともありますし、反対に1時間くらい時間がかかったこともあります。

　プレゼンの内容がよかったり、お客様の欲求・ニーズが強ければ、クロージングの時間は短くなるでしょう。一方で、お客様が慎重な方なら、クロージングに時間がかかります。お客様の状況によって、クロージングの時間は変わるのです。

　先ほど「ということは、このお話進めていこうというお考えですか？」という質問でテストクロージングを進めていけばいいとお伝えしましたが、**商品・サービスが高額であればあるほど、しっかりとした納得が必要**になります。

　ですから商品・サービスの内容によっては、時間を惜しまず、テストクロージング、クロージングのタイミングで徹底的に話を聞き、質問に答え、納得してもらうことが重要でしょう。

　最終的には、テストクロージング、クロージングを経て、お客様自身に「では採用しましょう」とか、「具体的に申し込みはどのようにすればいいですか」と言ってもらうのがベストです。

6章 質問型営業のクロージング

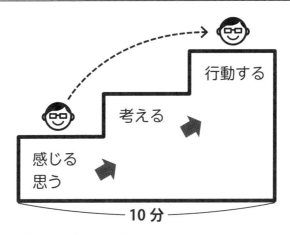

クロージングに何分かける？

プレゼンの内容がよかったり、お客様の欲求・ニーズが強ければ、クロージングは短くなる

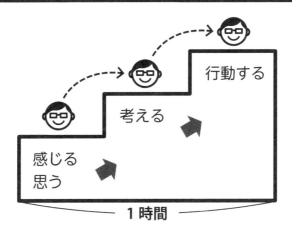

商品・サービスが高額であるほど、しっかりとした納得が必要になるので、クロージングまで時間がかかる

⑦「考える」の対処法

▶ 共感し、気がかりな点を具体的に聞く

　話が煮詰まってきた最終段階で、お客様からよく出てくるのが「考える」と「相談する」という２つの言葉、いわゆる逃げ口上です。

　まず「考える」は、自分で判断がつかない時、引き延ばすために言う言葉です。この場合、いくら引き延ばしても、おそらく答えは出ないでしょう。時間の経過とともに記憶が薄れ、ますます判断しづらい状況になるからです。

　そこで、あなたはお客様のその言葉に共感して優しく質問してあげるのです。「ありがとうございます。ということは、前向きに考えていこうということですね。そのように言っていただけるのは、とてもうれしいです。ところで、**あとどのようなところをお考えですか？**」。

　すると「お金の問題」や「本当に活用できるか」などの本当の問題が返ってきます。そこで、まずは「お客様自身はどうしたいのか？」を聞くといいでしょう。その気持ちを聞いた上で、内容をじっくりと聞いて、一緒に考えてあげるのです。多くの場合は、これで解決できます。

　それでも判断できないようなら、再度、お客様の気持ちを確認して、お客様自身がどのようにしたいのかを聞くことです。その上で、必要であれば、アドバイスをして進めてあげればいいでしょう。最後はお客様を信頼し、判断を任せることです。

「考える」の対処法は？

お客様

わかりました。
少し、考えさせて欲しいのですが

あなた

ありがとうございます。ということは前向きに考えていこうということですね。そのように言っていただけるのは、とてもうれしいです。あと、どのようなところをお考えですか？

お客様

やはり、お金の部分でね

あなた

なるほど。私も数多くのお客様に対応していますので、いろいろなアドバイスができると思います。もう少し聞かせてもらえますか？

お客様

このお金を支払って、
本当に成果を出せるかなと思いましてね

あなた

ということは、お金というよりも、成果が出せるかということですね。わかりました。それについて再度一緒に見ていきましょう

❓⑧ 「相談する」の対処法

▶相談相手との関係を聞き、お客様の意思を伝えてもらう

　逃げ口上の中で「考える」とともによく言われるのが「相談する」という言葉です。

　この時も次のように言うといいでしょう。

「ありがとうございます。ということは前向きに考えていこうということですね。そのように言っていただけると、とてもうれしいです。**ところで、あと、どなたにご相談をされるのでしょうか？**」

　会社であれば上司、担当者。家庭であれば妻、夫などと言われます。その時に相談が必要な理由も聞くといいでしょう。

　答えてもらったらしっかり共感して、まず「**お客様自身はどのようにしたいのでしょうか？**」と聞きます。

　本人の意思を確かめた上で、相談相手との関係を聞き、その方が今回の話に賛成してくれそうかどうかを確認するのです。そして、了解を得るためにどうすればいいかをお客様と話し合いましょう。

　具体策が見つけられなければ、お客様の気持ちをまっすぐに伝えるように言えばいいのです。たとえば「私はこれを……のような理由でやりたいと思っているのだが、やはりあなたにも相談したほうがいいと思って」と言ってもらえばいいのです。

　どちらにしても、焦らず、落ち着いて対処することです。

質問型営業のクロージング **6章**

お客様の意思を確認した上で、対応策をアドバイスする

お客様
わかりました。
あと、主人にも相談したいのですが

あなた
なるほど。ご夫婦ですから、当然のことですね。ところで、お客様自身はどのようにしたいと思っておられるのですか？

お客様
私は、取り組みたいとは思っています

営業マン
なるほど。では、ご主人はこの件について賛成をされるでしょうか？

お客様
まず、大丈夫だとは思うのですが、まだわからないですね

営業マン
どのようなことが判断基準ですか？

お客様
やはり、家庭にとってプラスであれば賛成してくれるとは思いますが……

営業マン
では、お客様のお気持ちを伝えた上で相談されてはどうでしょうか。つまり「私はこれが家庭にすごくプラスになるのでやりたいと思っているけれど、まずあなたに相談しなくてはと思って」と言われたらどうでしょうか？

お客様
なるほど、そうですね。
では、そのように言いますね

❓9 「本音のところどうですか?」

▶なかなか最終判断をしてもらえない時のひと言

　いろいろ話し合っても、お客様の態度がはっきりしない場合があります。もちろんその中には「考える」「相談する」が含まれることもありますが、とにかく意見をあまり言ってくれず、お客様がどのようにしていきたいかがわからない場合があります。

　その場合はストレートに「**どちらでも結構ですので、本音のところ、どう思っておられるのですか？**」とあなたが口火を切ってみましょう。

　こう質問すると、意外にお客様は自分の心の内を言ってくれるものです。

　この「本音」という言葉には、人が反応しやすく、心に思っていることを打ち明けさせる力があるのです。

　この言葉を使ったら、「実は……」とお客様が非常に個人的な問題を話しはじめ、一気に解決した事例が数多くあります。

　お客様に言いにくいことがあり、それがネックとなって話を進められないという事情があったのです。それが「本音」という言葉で一気に話が進んだのです。

　「本音」という言葉は、話が停滞している時に使うと大いに役立つのです。

6章 質問型営業のクロージング

> なかなか最終判断をしてもらえない時のひと言

あなた
ということは?(ということは、このお話進めていこうというお考えですかね?)

お客様
……

あなた
あと、何かご質問はありませんか?

お客様
別にないですけどね

あなた
では具体的に進めていきますか?

お客様
……

あなた
お客様、もうひとつお返事がはっきりしないようですね。私どもは、お客様のご判断が大事だと思っています。ご採用でも、不採用でも、どちらでも結構ですので、本音のところ、どう思っておられるのか聞かせてもらえませんか?

お客様
……。実は……

⑩ それでも決められないお客様への対処法

▶ どこまでもアドバイザーとしての立場を守る

　テストクロージング、クロージングの段階を経ても、逃げ口上への対処をしても決められないお客様には、どうすればいいでしょうか。

　この場合は仕切り直しが必要です。次のように言いましょう。

「これまでお話をしましたが、まだ判断がつかないようですね。こういう場合は一度、冷静に考える時間を取ってください。お客様のほうで、これを採用すれば日常がどのように変化するか、採用しなければどうなのかを考えて過ごしてもらえればと思います。大事なことは、お客様が納得をして進めていかれることです。次回あらためて、ご感想を聞かせていただきたいと思います。もちろん、採用する、しないは関係ありませんので。くれぐれもプレッシャーを感じないようにしてくださいね」

　こう言って次回の面会日時を決めます。

　そして次回の面会で、その間の実感を聞いて、話し合えばいいのです。ポイントは、あなたがどこまでも**お客様のアドバイザーとして振る舞い続けること**。そうすれば、お客様のほうが判断してくれるのです。

　それでも判断がつかない場合には、タイミングを見計らって電話をかけて、「最近はどんな感じですか？」と尋ねればいいのです。

質問型営業のクロージング **6**章

[　　　それでも躊躇するお客様には「仕切り直し」を提案　　　]

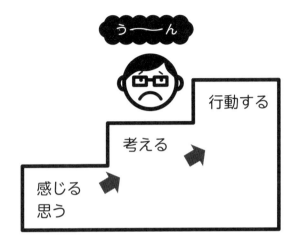

これまでお話をしましたが、まだ判断がつかないようですね。こういう場合は一度、冷静に考える時間を取ってください。お客様のほうで、これを採用すれば日常がどのように変化するか、採用しなければどうなのかを考えて過ごしてもらえればと思います。大事なことは、お客様が納得をして進めていかれることです。次回あらためて、ご感想を聞かせていただきたいと思います。もちろん、採用する、しないは関係ありませんので。くれぐれもプレッシャーを感じないようにしてくださいね

お客様が納得していない様子なら、考える時間を取ってもらう。次回の面会で、再び感想を聞くところから話をはじめる

7章
既存客のフォローアップ

なぜ、フォローアップが必要なのか

▶ 新規開拓だけでは限界がくる

　あなたが新人営業マンなら、はじめは新規のお客様の訪問に時間のほとんどをかけることができるでしょう。それらの活動であなたは次第に顧客を増やし、フォローアップにも時間を取る必要が出てきます。

　フォローアップとは、提供した商品やサービスの成果が出ているかどうかを確認する仕事です。顧客は単に商品・サービスを購入したのではありません。そこから得られる利益に魅力を感じて購入したのです。したがって、あなたは顧客が本当に利益を受け取っているのか、確認をしなければなりません。それがフォローアップという仕事です。

　ただし、顧客のフォローアップに時間を取られすぎると、新規開拓に思うように時間を取れなくなって売上が落ちてきます。そこで新規開拓に時間を割くと、今度はフォローアップの時間が取れなくなってしまいます。

　こうして、多くの営業マンが時間管理に苦しみ出すのです。これは当然といえば当然のことです。

　そこで重要になるのが、フォローアップを行なっている顧客からの「紹介」です。顧客から新しいお客様をご紹介いただければ、あなたはフォローアップしながら、新たなお客様を得ることができるのです。それも、購入確率が高いお客様です。

　営業にとって、「紹介」ほど重要なものはありません。

7章 既存客のフォローアップ

> なぜ、営業にはフォローアップが欠かせないのか

ビジネススタート時

新規開拓

はじめは新規のお客様の訪問に時間のほとんどをかけることができる

顧客が増えると……

顧客フォローアップ　　　**新規開拓**

顧客のフォローアップに時間を取られ、新規開拓の時間が取れなくなり、売上が落ちてくる。そこで新規開拓の時間を取ると、今度は顧客のフォローアップの時間がなくなる

顧客のフォローアップ

＋

新しいお客様の紹介

顧客から新しいお客様をご紹介いただくことができれば、フォローアップしながら、新たなお客様を得られる

② 口コミ・紹介の増やし方

▶ 適切なフォローアップが重要なカギ

　適切なフォローアップをすることで、顧客は商品・サービスからの利益をあらためて実感できるでしょう。

　そうなれば顧客は、商品・サービスのことを話題にする機会が自然と増えるでしょう。利益を感じれば感じるほど、日常で話題にする確率は高くなります。

　家族だけでなく、友人や様々な人との話の中でも、そのことを話題にします。当然、それを聞いた周りの人たちは、その商品・サービスに知らず知らずに興味、関心を持ちはじめます。

　「それはどのような商品か？」「それはどうすれば手に入れられるのか？」。これが「口コミ」と言われるものです。

　フォローアップが適切であるほど、顧客は商品・サービスに満足し、営業マンに感謝をします。すると、積極的に紹介してあげたいと思ってくれるようになるのです。その話を聞きたいというお客様、採用してくれるお客様を探してくれるようにもなるのです。それが紹介へと展開するのです。

　フォローアップのやり方次第で、紹介はゼロにもなれば、無限に拡大もします。それほどフォローアップは重要な活動です。

既存客のフォローアップ **7章**

> フォローアップで口コミを発生させる

お客様
いつもありがとう。
うちの営業マンが元気になってきたよ

 営業マン
そう言っていただけるとうれしいです。
営業の方の反応はどんな感じですか？

お客様
面会の数が増えてきたね

 営業マン
それは何よりです。
周りの反応はどんな感じですか？

お客様
興味津々というところだね

 営業マン
今回の取り組みをお知り合いなどにも
お話しされたりとかはありませんか？

お客様
そういえば、私の仲間が興味を持っていたね

 営業マン
よければ、一度、ご紹介いただけますか？

お客様
いいよ。どのようにすればいいかな

営業マン
一度、見学に来ていただくというのは
いかがですか？

お客様
なるほど、それはいいね

137

③「どのような変化がありますか?」

▶ 顧客に採用後の変化を具体的に聞く

　営業マンの中には「当社の商品・サービスから本当に利益を受け取ってくださっているかどうかが心配」という気持ちを持っている人もいます。

　もし、そうであれば、だからこそ営業マンはフォローアップをしなければならないと心得てください。すべての顧客へのフォローアップが無理ならば、ピックアップして数人からスタートさせてもかまいません。顧客の声を聞かせてもらうことです。

　顧客の声を聞かせてもらう時に、気をつけていただきたいことがあります。それは「使っていただいて、どうですか?」などという漠然とした聞き方をしないことです。

「使っていただいて、どのような変化がありますか?」「以前とどのように違っていますか?」と聞きましょう。

　そうすれば、違いについて「○○がよくなった」「△△のようになった」と答えてくれるでしょう。

　これによって、顧客自身も以前よりよくなったことを確認するのです。その確認こそが、「自分の判断は間違いなかった」「あなたからこの商品を購入してよかった」と、購入に対する確信を顧客に与えることになります。これがお客様の紹介へと発展するのです。

7章 既存客のフォローアップ

フォローアップでの質問例

営業マン
導入いただいて、
どのような変化がありますか？

顧客
営業マンが行動的になりましてね

営業マン
それはよかったです。
具体的な成果は出ましたか？

顧客
そうですね。すでに業績が伸びてきましたよ。
それは、面会数が多くなったことと、
具体的な提案の数が増えたことが理由ですね

営業マン
それはよかったです。
以前とはどのように違いますか？

お客様
ずいぶん違いますね。お客様を怖がらなくなり、
営業マンが元気になりましたね。
きっと、さらに成果が出てくると思いますよ

営業マン
そう言っていただければうれしいですね。
導入していただき、
どのように感じておられますか？

お客様
よかったと思いますね。
自分の判断は間違ってなかったですね

「自分の判断は間違っていなかった」と言ってもらえると、新しいお客様を紹介してもらいやすくなる

④ 「どのように活用されたのでしょうか?」

▶ 喜んでもらえていない場合、状況を聞いてアドバイスする

　使用後の感想を聞いて、顧客に喜んでもらえていないと感じたら、どうすればいいでしょうか?

　心配はご無用です。顧客の活用に仕方に問題があるのです。

　あなたは他の顧客が商品・サービスの価値、メリットを実感して、喜んでいる声を確認しているのです。ということは、喜んでもらえていないのは、顧客の活用の仕方に問題があるのです。あなたが自身を卑下したり、責任を感じることはありません。堂々と胸を張って対応しましょう。

　「**この商品に何を望んでいたのでしょうか?**」「**どのように活用されたのでしょうか?**」と聞くのです。

　よく聞いていくと、活用の仕方に問題があることがわかるので、それに対してアドバイスをするのです。そのことで顧客は自分の活用法が間違っていたことを理解し、改善に乗り出すでしょう。もちろん、教えてくれたあなたに感謝をします。

　その後、顧客がどのように変化したかを聞いてください。きっと、次回は喜びの声をあなたに伝えてくれるでしょう。

　その声を聞いて、あなたの商品・サービスへの信念はますます高まっていくはずです。

喜んでもらえていない場合の対応

営業マン
導入いただき、どのような感じですか？

顧客
もうひとつ、成果が見えないんですよね

営業マン
私どもの研修に何を望んでおられたのですか？

顧客
もちろん、営業マンに成果を上げてもらうことですね

営業マン
そうですよね、では、どういうところが、うまくいっていないですか

顧客
習った通りにはできないようですね

営業マン
なるほど。研修でお客様への質問中心のトークスクリプトを、相談の上、つくらせていただきました。どのように実践するかのロープレも見本を示し、指導を行ないました。あとはロープレ練習になりますが、そのあたりはどのようにやっていただいていますか？

顧客
なるほど。たしかにそこは私も点検していませんね。原因はそこかもしれないですね。急きょそこをやりますね。ありがとう

営業マン
では、次回にその成果がどうだっかを聞かせてくださいね

5 紹介につながる魔法のひと言

▶具体的に名前を挙げてもらう

　では、実際にお客様を紹介していただくにはどうすればいいでしょうか？

　まず、商品・サービスを採用して、役立ち、喜んでいただいていることを確認します。その上で、「この商品・サービスのことを誰かにお話しされましたか？」「反応はいかがでしたか？」と聞きます。

　次に、このひと言です。「**自分にとってよかったことをまわりの人にも広げませんか？**」「**御社に役立ったように、これが役立ち喜ばれそうな会社をご紹介いただけませんか？**」。利用する・しないは関係なく、あくまでもこの情報をお伝えするだけ、ということも伝えます。

　続いて、右ページのような「ご紹介用紙」に基づいて、知り合いの名前を挙げてもらいます。その後、どのような方法で連絡するかを聞き、実際の行動はお客様にお任せしましょう。日本人は人間関係を気にする方が多いので、あくまでも本人に任せます。お客様には「とりあえず気軽に会ってみるように」と言ってもらうだけで十分で、断る人もいることを伝えれば、ご紹介に対する負担は軽くなるでしょう。

　こうしたフォローアップを続けていくと、必ずと言っていいほど、熱心に紹介してくれる方が現われます。その方から紹介が大きく広がっていくキーマンとも言うべき存在です。こうした方に出会うことで、フォローアップの重要性を強く実感できるでしょう。

既存客のフォローアップ 7章

「ご紹介用紙」の例

ご紹介用紙

「この商品・サービスのことを誰かにお話しされましたか？」
「反応はいかがでしたか？」
「自分にとってよかったことを他の人にも広げませんか？」
「御社に役立つったように、これが役立ち喜ばれそうな会社をご紹介いただけませんか？」

ご友人・職場仲間・ご家族・親戚・サークル仲間 etc.

お名前	会社名
お名前	会社名
お名前	会社名

お客様の心理的負担を軽くするひと言

「ご紹介の時には『採用するとかしないなど関係なく、とりあえず会ってみること。話だけでも役立つと思うよ』と言ってみてください。それでも断る人には、無理をしないでください。それは相手の方の状況です。お客様の問題ではありませんので」

⑥「誰かに聞かせてあげたくないですか?」

▶紹介はまず、プレゼン直後に依頼する

　紹介をお願いする絶好のタイミングはいつでしょうか？　実は、プレゼン直後がそのひとつです。

　プレゼンを終えた後に商品・サービスを申し込んでくださったということは、お客様がその商品・サービスの価値を理解されたということです。価値を理解していなければ、申し込みません。

　つまり、申し込んでくださったお客様は、満足度が非常に高い状態にあります。そこで、お客様に商品・サービスがまだ届いていなくても「**このプレゼンを誰かに聞かせてあげたくないですか？**」と言えばいいのです。

　お客様は、プレゼンを聞いている間に「この話なら、あの人も喜ぶだろうな」などと考えているものです。

　人間には「貢献欲」というものがあります。周りの人々に貢献したいという気持ちです。ですから自信を持って、堂々とご紹介を依頼すればいいのです。

　「一度、商品を使ってから」とか「サービスを体験してから」と言う方もいらっしゃるでしょう。その気持ちを尊重しつつ、ご紹介ということを意識してもらうために、候補者の方のお名前を聞いておくといいでしょう。

既存客のフォローアップ **7**章

> 紹介はプレゼン直後に依頼する

営業マン
ところで、今日のプレゼンはどんな感じでしたか？

お客様
非常にいい話でしたね

営業マン
どの部分が印象に残りましたか？

お客様
やはり「欲求・ニーズの引き出し方の5段階」という部分でしたね。これは自分でもやっていましたが、ここまで分析できていませんでした。これがわかれば、今後、営業マンの教育に使えるなと思いました

営業マン
この話を聞かれているときに、誰かに聞かせてあげたいなと思いませんでしたか？

お客様
もちろん、思いましたね。当社の営業マンだけでなく、全社員に聞かせてやりたいと思いました

営業マン
ありがとうございます。そう言っていただけるとうれしいです。社員の皆さん全員の前で、講演をするよう要請をいただいていますので、日時を決めさせていただきますね。
その他に、誰か、聞かせたいという方が思い浮かびませんでしたか？

お客様
私の友人ですね。同じ会社経営をやっていて、やはり営業については困っていましてね

7 継続フォローは「宿題をもらう」

▶「お役立ち」のために動く

　未契約のお客様のところに、継続的にお伺いすることもあるでしょう。この場合、どうすれば適切なフォローとなるでしょうか？それは「宿題をもらう」ことに尽きます。

　お客様がさらに知りたいことや、わからないことをお聞きし、その回答をこちらで調べて持っていくのです。

　中には、「そんなことはネットで調べればわかるのではないか」ということもあるかもしれません。それとはまったく違います。あなたが詳しく調べて説明してあげることで、お客様の理解はまったく変わってくるのです。

　何よりも、お客様はそのあなたの行為に感謝するでしょう。自分のためにわざわざ、時間を取って調べてきてくれたあなたに感謝をするのです。

　また、あなたがお客様を訪問する理由ができますし、お客様にしても、自分への報告でやって来るとなれば、むげに断ることもできません。

　このような関係をお客様とつくることにより、お客様のほうがあなたの提案する商品・サービスについて、次第に理解を示すようになります。商品・サービスの説明の必要性も次第に感じるようになるのです。何よりもあなたの、お客様のお役に立ちたいという誠意が伝わっていき、採用のタイミングがやってくるのです。

7章 既存客のフォローアップ

> こんな宿題に応えよう

お客様
どんな成果があるか、生の声を聞かせてほしいですね

営業マン
いいですよ。
どのような成果と声がいいでしょうか？

お客様
やはり、私たちの業界と同じような人の成果と声がいいですね

営業マン
その「成果」と「声」ということですが、具体的に知りたい部分はありますか？

お客様
特に、どのようにして成果を上げてきたのか、その中での営業マンの苦労や工夫みたいなものがあれば、聞きたいですね

営業マン
了解しました。
次回は特にその部分を持ってきますね

❓8 お客様の声が仕事の信念をつくる

▶フォローアップの最大の目的

　お客様に商品・サービスを採用していただいたら、その後の状況についてお伺いするために、電話や訪問によってフォローアップすることをお伝えしてきました。

　フォローアップとは「ある事柄を徹底させるために、あとあとまで面倒をみたり、追跡調査したりすること」です。営業の場合は、提供した商品の価値、メリットを受け取っているかどうかを確認することです。

　商品の価値やメリットをお客様が受け取ってくださっているかどうかの確認は、あなたが現在のビジネスを行なっていく上で非常に重要なポイントとなります。

　お客様がそれを受け取っていれば、あなたは間違いなくお客様のお役に立っているのです。もちろん、お客様もあなたに感謝するでしょう。そうしたお客様の感謝の言葉から、自分の仕事への「信念」を得ることができるのです。この「信念」こそが、仕事を推し進めていく決意とファイトをつくり上げ、営業力の向上、仕事発展の礎をつくるのです。

　お客様をフォローアップすることで、仕事に対する「信念」が生まれる——これがフォローアップを行なう最大の意味であると言っても過言ではありません。

既存客のフォローアップ 7章

フォローアップの真の意味

「お客様のお役に立ちたい」と思う

商品の価値やメリットをお客様に受け取ってもらえているかどうかを確認する（フォローアップ）

お客様に価値を提供していることを確認し、お客様から感謝の言葉をいただく

仕事を推し進めていく決意とファイトの源泉となり、営業力の向上、仕事発展の礎＝仕事への信念が生まれる

8章

こんな時はどうする？営業のお悩みQ&A

① 社交的でないと務まりませんか?

▶ 社交性はいらない。質問上手になればいい

　営業で重要なのは、お客様の欲求やニーズをしっかりと知り、その実現をお手伝いすることです。そして、欲求やニーズ実現の手段として商品やサービスを提供することが営業マンの役割です。

　ですから、社交性というよりも、お客様に寄り添い、気持ちを理解し、お客様の欲求・ニーズを聞き出すことです。そのために必要なのが、繰り返しお伝えしてきたように、お客様への「質問」です。

　私がこれまでに教えてきた人たちの中から、数多くのトップ営業マンが生まれていますが、明るく前向きで爽やか、話が上手で思わず引き込まれる、とにかくしゃべりまくるという人は、そう多くはいません。むしろ、おとなしく小声で話す人がたくさんいるのです。

　意外に思われるかもしれませんが、理由があります。おとなしく声が小さいほうが、お客様に寄り添いやすく、気持ちを引き出しやすく、お客様自身に考えてもらいやすいのです。

　もちろん社交的な人でも、お客様の気持ちをほぐし、質問を繰り出すのがうまい人は、やはりトップ営業になっていきます。

　このように見ると、営業マンにとって重要な能力は、役に立とうと思う気持ちで寄り添い、お客様への上手な質問ができるか否かです。ですから、質問力を磨きましょう。それこそが営業にとって最も重要な武器となるのです。

こんな時はどうする？ 営業のお悩みQ＆A **8章**

> 営業マンとして本当に必要なのは質問力

NG　「こんにちは！　○○会社の△△と申します！ご案内に参りました。担当の方をお願いします」
（明るく元気に、事務所全体に響き渡る声で）

　▶営業マンが売り込みに来たというイメージで断られる

OK　「失礼します。○○会社の△△です。ご挨拶に参りました。担当の方はいらっしゃいますか？」
（落ち着いた堂々とした声で。受付に聞こえるだけでいい）

　▶何か重要な話を持ってきたと感じ、担当につなげてくれる

NG　「私どもは□□をやっておりまして、非常にお役に立つものなのでお話を聞いてもらえればと思いまして」
（売り込み一辺倒で、相手の話を聞いていない）

　▶話を聞くと売り込み攻勢をかけられそう、ということで追い返される

OK　「私どもは□□をやっております。ところでこちらの部門では実際にどのようなことをやっておられるのですか？」
（相手のことをまず、理解しようとする）

　▶まず相手のことを聞くと、売り込みのイメージがなくなり、コミュニケーションがはじまる

② どうしても低姿勢になってしまいます……

▶「営業」の真の意味を理解しよう

「営業」という言葉から、あなたはどのようなものをイメージしますか?「お客様に商品のよさを訴え、売りつける仕事」「お願いしてでもお客様に商品を買ってもらう仕事」「競合他社との競争が厳しい中、お客様への値引きも受け入れ、自社の商品を買ってもらう仕事」。

もし、あなたが営業にこうしたイメージを持って仕事をしているのであれば、「営業とは情けない仕事だ」と常に感じることになり、どうしてもお客様に低姿勢になってしまうでしょう。

では、営業のイメージが「お客様にとって必要なものを提供できる仕事」「お客様の欲求・ニーズを実現できる仕事」「お客様のお役に立つことができる仕事」となれば、いかがでしょうか? あなたはお客様に対して胸を張り、堂々と接することができるでしょう。

営業マンとはお客様に嫌がられる人ではありません。営業マンはお客様のお役に立つ人、お客様に歓迎される人なのです。営業マンは、世の中のお客様に対して重要な役割を果たす人なのです。

もし、あなたが前者のイメージを持っているなら、営業の真の意味を理解し、後者のイメージに切り替えましょう。

あなた自身が営業に対して、本当の意味を理解することによって、営業における姿勢ややり方のすべてが変わるのです。

8章　こんな時はどうする？ 営業のお悩みQ&A

> 「営業」の真の意味を理解しよう

| 「私どもの商品を、多くの方が買っています」 | | 「私どもは●●をご紹介しています。このようなことは考えられることありますか？」 |

| 「お話ししましたように、非常にお役に立つものなので、ぜひ採用してください」 | | 「お役に立つとは思いますが、どのように感じられましたか？」 |

| 「多少ならば、私どもは値段についても対応します。ぜひともご検討ください」 | | 「私どもの商品の価値をご理解いただいたでしょうか？」 |

- お客様に商品のよさを訴え続け売りつける仕事
- お願いしてでもお客様に商品を買ってもらう仕事
- 競合他社との競争が厳しい中、お客様への値引きも受け入れ、自社の商品を買ってもらう仕事

- お客様にとって必要なものを提供できる仕事
- お客様の欲求・ニーズを実現できる仕事
- お客様のお役に立つことができる仕事

> あなた自身が営業に対して、本当の意味を理解することによって、営業における姿勢ややり方のすべてが変わる

③ 競合他社と比較されてしまいます……

▶ 専門家としてのアドバイスこそが差別化になる

　新しい商品が生み出され、数多くのお客様に役に立つということがわかると、同様の商品を扱う会社がすぐに現われます。近年は情報化の時代です。素晴らしい商品であればなおさら、あっと言う間にライバルが次々と現われるでしょう。

　そのような中で、自社がお客様に支持され、採用されるには、「自社ならではの強みは何か？」「当社のどのようなことがお客様に喜ばれるのか？」を明確にし、自覚しておくことが重要です。そうすれば、あなたはお客様に自信を持って対応できるのです。

　そして、もうひとつ差別化の重要な要素は、あなたがお客様に寄り添い、一緒になって欲求・ニーズの解決に向けて行なうアドバイス力です。情報が氾濫している現代は、お客様自身が欲求・ニーズの解決に対して迷っています。そんな気持ちを理解し、親身になってお客様に専門家としてアドバイスをすることこそ、今の時代に他社と差別化できる重要な部分です。

　あなたが新人で、十分なアドバイスができないならば、先輩や上司に手伝ってもらい、会社をあげてお客様をサポートすればいいでしょう。

　お客様に対する専門アドバイザー、これこそが競合他社と差別化する大きな要素となります。

こんな時はどうする？ 営業のお悩みQ&A　**8**章

> 選ばれる要素を見極めよう

自社

他社

**自社ならではの強みは何か？
当社商品のどのようなことが喜ばれるのか？**

自分

他の営業

**専門家としてどんなアドバイスができるのか？
お客様の気持ちをどこまで理解できるか？**

④ 名刺を集めることが重要と言われますが……

▶ 名刺の数より、欲求・ニーズを見極めることが重要

　初対面の人との名刺交換は、アプローチのきっかけとして重要な行為です。でもアプローチを続けるには、相手があなたの提案したい商品の分野への欲求・ニーズを持っているかどうかが重要です。

　欲求・ニーズを持っていない相手であれば、いくらアプローチをしても迷惑で、怪訝な態度を示されるだけでしょう。

　飛び込みで出会った人と名刺交換をしながら、「私どもは○○をやっています」「私どもの分野のことについて考えたりされますか？」と質問をして、欲求・ニーズを測りましょう。

　なければ「別にないね」と言われ、あれば「考えないこともないね」と言われるでしょう。ある人には、「どういうことを考えられますか？」と質問を重ねればいいのです。

　これは展示会でも効果を発揮します。やみくもに自社のサンプルを配って名刺を集めるのではなく、自社のブースに近づいてきた人に「何かお考えですか？」と気軽に優しく声をかけましょう。興味のない人は去っていきますし、興味のある人は質問や感想を述べてくれるので、その方にアポイントの予約を取ればいいのです。

　私が指導した会社で、展示会でこの方法を使って、名刺交換の数がそれまでの10分の1になったにもかかわらず、確実にアポイントを取り、売上を2倍以上に伸ばした会社もあります。

8章 こんな時はどうする？ 営業のお悩みQ&A

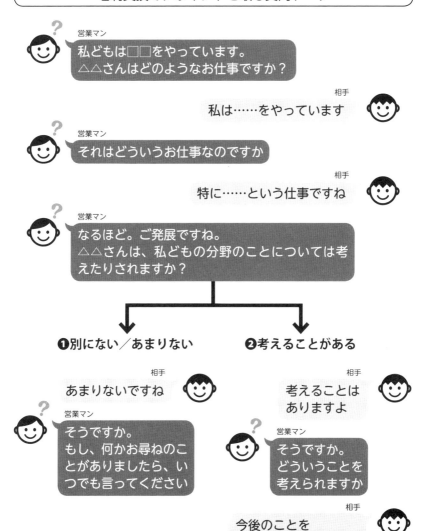

5 「商品を売る前に自分を売れ」とは？

▶「自分を売れ」とは、お客様の信頼を得ること

「商品を売る前に自分を売れ」。これはよく聞く誤解を受けやすい言葉です。「自分を売れ」とは、「自分をアピール、宣伝しろ」ということではありません。**「自分がお客様の役に立つ人間である」とわかってもらうこと**なのです。

このように考えると、「商品を売る前に自分を売れ」と言われたらどうすればいいか、答えが出てきます。それは、**お客様自身のことや、欲求・ニーズを聞かせていただくこと**なのです。

特にアプローチでの言動が重要です。「自分を売る」ことを勘違いしている営業マンは、自分のことや会社、商品・サービスのことを一所懸命に宣伝します。これでは売る気満々でかえって不興を買います。「自分を売る」ことを正しく理解している営業マンは、自分や自社のことはある程度にとどめて、お客様のことをいろいろと質問をするのです。まずはお客様を理解しようとするのです。

その過程で、お客様は自分自身のことや欲求・ニーズについて真剣に聞いてくれる営業マンを信頼しはじめます。これが「商品を売る前に自分を売れ」ということですし、「自分がお客様の役に立つ人間である」ことをわかってもらうことになるのです。

8章 こんな時はどうする？ 営業のお悩みQ&A

> 正しいアピールといまいちなアピール

OK お客様に興味を持ち、
お客様に役立つことを考える

営業マン
私は○○会社の◇◇です。よろしくお願いします。今日は、◆◆様のご紹介で来させていただきました。私どもの会社は――をやっています。ところで、お客様は今回、◆◆様からどのように聞かれて、お会いくださったのですか？

お客様
いや別に、一度会ってみたらと言われたのでね

営業マン
そうなんですね。ありがとうございます。ところで、お客様は現在はどのようなお仕事なのですか？

NG 自分は役立つ人間だとアピールする

営業マン
私は○○会社の◇◇です。よろしくお願いします。今日は◆◆様のご紹介で来させていただきました。私どもの会社は――をやっていまして、特に――の分野では喜ばれています。私自身は1年前からこの仕事をやっています。特に――分野を専門にやってきて、お客様にいろいろなお困りごとについて解決しています。個人的には、性格は◎◎で、■■な人間です。よろしくお願いします

お客様
はい、はい……

❓6 先輩の現場同行はすべきでしょうか?

▶ 現場こそ学びの場

　営業マンにとって現場こそが、嘘偽りのない事実の場です。商談があり、契約がある、これほど真実の場はありません。

　営業に対してどれほど理論的なことを言っても、いくら素晴らしい方法を説いても、現場の行動が伴っていなければ無意味です。

　ですから、お客様がどのように反応するものなのか、先輩の営業マンは目の前のお客様にどのように対応するか、現場の空気を肌で感じることが何よりの学びです。

　先輩には素晴らしい営業マンがいるでしょう。反対に反面教師となる先輩もいるかもしれません。どちらにしても、現場の言動を見ることで、営業のイメージを持つことができるのです。

　まずはカバン持ちとして、どんどん同行させてもらいましょう。

　その時に注意していただきたいのは、あなたが営業の原則と方法を理解しておくことです。それはこの本で示してきました。

　現場でうまくいっている場合は、いかに営業の原則と方法に則っているか、うまくいっていない場合は、どこがはずれているかを理解することです。

　そうすれば、あなたはその原則と方法に、ますます忠実に行動することができるようになるのです。

8章 こんな時はどうする？ 営業のお悩みQ＆A

現場同行では次のことを学ぼう

❶アポイント	電話での話し方（話し方、返事の仕方、姿勢） コミュニケーションの取り方 アポイントの取り方
❷アプローチ	出会いの場面の空気のつくり方 話の切り出し方（話し方、返事の仕方、姿勢） 欲求・ニーズの引き出し方 プレゼンへの持っていき方
❸反論と逃げ口上	反論・逃げ口上の受け止め方 共感の仕方 切り返し方
❹プレゼン	興味の引き方 商品の見せ方 商品の説明の仕方（欲求・ニーズへの訴求の仕方）
❺クロージング	テストクロージングの仕方 クロージングへの入り方 契約時の説明の仕方
❻フォローアップ	訪問の仕方 成果の確認の仕方 話の仕方・運び方 紹介の引き出し方

断られ続けて落ち込んでしまいます……

▶営業の仕事には、成長の種がいっぱいある

　もしあなたが、すべてのお客様から商品・サービスを採用いただけたとしたら、どうでしょう？　世の中に営業という仕事はいらなくなるでしょう。実際には、そのようなことは起こりません。だからこそ、営業の役割があるのです。

　お客様は、自身の持っている欲求やニーズを意外にわかっていません。したがって、そこから一緒に考えて、解決策を提示するのがあなたの役割なのです。

　お客様の欲求・ニーズをいかに明確にするか？　いかに解決に向けての提案をするか？　それがあなたの仕事なのです。

　そのように考えると、あなたの営業という仕事は、質問すること、聞くこと、提案すること、提案書をつくることなど、重要なことが数多くあることが理解できるでしょう。

　そして、それらを身につけていけば、仕事だけでなく、日頃の人間関係におけるコミュニケーション力や企画提案力までを身につけることができるわけです。

　営業という仕事は、あなたを成長させる種がいっぱい詰まった、まさに宝庫であると言えるでしょう。

　営業という仕事を誇りに思い、どうか立ち向かっていってください。営業はあなたが本来持っている力を引き出してくれるのです。

> 著者が営業の仕事を通して30年間で身につけたこと

営業職に就いた最初の10年間
（現場で基本を徹底的に習得）
・人と仲よくなるコミュニケーション法を学ぶ
・人への商品の販売法を身につける
・セルフコントロール法を身につける

10年

11～20年
（経営者となり、学んだことを組織で生かす）
・ますます自分で営業活動を実践する
・部下の指導を行なう
・自分なりのシステムをつくる
・企業の企画運営を行なう

20年

21年以降
（自分のノウハウでコンサルとなり、指導する）
・自分がつくり上げたノウハウを出版する（4ヶ国語に翻訳）
・自分が身につけた営業のノウハウを企業などに指導
・自分が身につけたコミュニケーション法、セルフコントロール法を企業・自治体などで指導

> 最初の10年から20年の間に現場で身につけたものが礎となり、現在の会社経営、コンサルティング、研修、講演における指導材料になっている。すべて「現場の営業」で身につけてきたもの

?8 仕事に自信が持てません……

▶ お客様の喜びの声の確認こそが自信の源

　営業の仕事に自信をつけるために必要なのは、「売上トップになってたくさんの賞を取ること」と思っておられる方も多いでしょう。かく言う私もそのように思っていました。ですから、ナンバー1にもなりましたし、数々の賞も取りました。それらはたしかに私の自信になっています。しかしそれらは、賞を取ることを目的に行動しただけで、売上も自信も一時的なものに過ぎませんでした。

　実は、そんな一時的な売上、自信ではなく、継続して売上を上げ続け、自信を高め続ける方法があるのです。

　それがお客様の喜びの声の確認なのです。

　お客様が買われたものは何でしょうか？　それは、商品・サービスではないのです。商品・サービスから得られる価値、利益なのです。

　と言うことは、その価値、利益を得ていただいているかどうかを確認することが、営業マンにとって重要なことになるのです。

　訪問する時間がなければ、電話でいいのです。7章「既存客のフォローアップ」に基づいて、お客様に確認してみましょう。それが、あなたの仕事に対する強烈な誇り、自信、信念を育てることになります。それらがあなたの営業活動に強力なモチベーションを与え、営業スタイルを一変させるのです。もちろん、お客様からの紹介で営業活動の内容も強力に変えていくのです。

8章 こんな時はどうする？ 営業のお悩みQ&A

お客様の喜びの声の確認こそが自信の源、継続的な売上につながる

```
┌─────────────────┐          ┌─────────────────┐
│ お客様の喜びの声を │          │ 売上ナンバー1になる │
│     確認する      │          │     賞を取る      │
└─────────────────┘          └─────────────────┘
         ↓                            ↓
     自信・誇り                     自信・誇り
         ↓                            ↓
   紹介によって売上増            売上・営業力が
         ↓                      無限に高まる（※一時的な売上アップ）
     自信・誇り
         ↓
   紹介によって売上増
         ↓
     自信・誇り
```

- 左ルート帰結: **売上・営業力が無限に高まる**
- 右ルート帰結: **一時的な売上アップ**

❓⑨ お客様の前で堂々と話せません……

▶ 質問型のトークスクリプトをつくり、徹底的にロープレする

　お客様の前で堂々と話すには、トークスクリプトをつくることです。特に質問型のトークスクリプトは、お客様が自ら気づき、自然と行動に移すものです（54ページ参照）。トークスクリプトがあれば、お客様の反応が予測でき、堂々と話すことができるのです。

　まずは質問型のトークスクリプトをつくり上げ、ロールプレイング（ロープレ）で検証してください。お客様役がスムーズに答えることができれば、ある程度完成です。あとは、実践の中で手直しをしてください。

　トークスクリプトができたら、まずは徹底的に覚えることが必要です。自然に言葉が出てくるようになるまで反復し、記憶してください。

　完全に覚えたら、相手を見つけて再度、ロープレで練習します。「好意－質問－共感」のリズムに乗れるまで、しっかり練習してください。特に共感は会話を円滑するために非常に重要です。

　練習を積み重ねると、言い方や共感の仕方が身体に浸み込んできて、「できそうだ！」という自信に変わり、「お客様の前でやってみたい！」という気持ちが芽生えます。

　この状態になれば、「きっとうまくいく！」という期待感と自信を持って、お客様の前に立つことができるのです。自信がつくことで、予期せぬ状態になっても切り抜ける対応力も身につきます。

8章 こんな時はどうする？ 営業のお悩みQ&A

> お客様の前で堂々と話ができるようになる

```
質問型のトーク        →    ロープレでトーク
スクリプトをつ              スクリプトを
くる                        検証する
  ↓                           ↓
「きっとうまくい      お客様の前で堂々と話     トークスクリプ
く！」という期        ができる                 トを覚え、
待感と自信を持        予期せぬ状態でも切り     ロープレで言い
てる                  抜ける対応力がつく       方や共感の仕方
  ↑                                            を練習する
「お客様の前で                          トークスクリプ
やってみたい！」      ←                 トが浸み込み、
という気持ちに                          「できそうだ！」
なる                                    という自信に変
                                        わる
```

169

10 成長するためには何をすればいい?

▶「振り返りノート」で改善を繰り返す

　成長とは、自分をさらに進歩させることです。昨日の自分よりも自信をつけ、昨日の自分よりも改善することです。そのためには、自分を振り返り、行動を見直すことが必要です。

　営業力をつけるために、トークスクリプトをつくり、ロープレをし、現場に向かったら、その1日で行なったことを振り返るのです。どの部分がうまくいって、どの部分がうまくいかなかったのかを。

　うまくいったことは「なぜうまくいったのか？」、その理由を書き出します。そうすれば、あなたは納得し、自信を持つことができます。うまくいった部分を強化し、さらに自信が持てるようにします。

　うまくいかなかったことは、「どうすればいいのか？」を考えます。改善策を見つけて実行し、新たな結果を生み出すのです。

　営業の現場で使っているトークスクリプトの変更が必要だと気づいたなら、書き換えることです。これを繰り返し、あなたは自分や自社独自の最高の「営業マニュアル」をつくり上げることができるのです。

　営業の仕事をする上では、目標も重要ですが、振り返りはもっと重要です。振り返りこそが、あなたを進歩させ、自分に自信をつけ、目標へと向かうモチベーションを与えてくれるからです。

　振り返りノートの使い方は、次ページ以降のサンプルを参考にしてください。

こんな時はどうする？ 営業のお悩みQ＆A **8**章

１日の振り返りノート

うまくいったことと、その具体例

なぜ、それがうまくいったか？

うまくいかなかったことと、その具体例

どうすればいいか？

> **うまくいったことと、その具体例**

お客様が経営者だったので、会社のことを聞き、「なぜ、この会社をつくられたのですか？」と質問をしたら、理由を話してくれ、そこからお客様の子供時代の苦労などを聞かせてもらった。お客様が純粋に仕事に向かっておられる姿を知って、自分の中で「私ができることで応援させてもらいたい」という純粋な動機が湧き上がり、アプローチから自然にプレゼン取りができた。

なぜ、それがうまくいったか？
お客様に対して、「このお客様はどのような人生を生きてこられたのだろう？」という純粋な気持ちで聞くことができた。ひとたび聞き出すと「なぜ？」「たとえば？」などと深掘りの質問ができたが、これもお客様に対する興味・関心を持てたからだ。

> **うまくいかなかったことと、その具体例**

A社の担当の無口なお客様に対応したときに、とおり一遍の話になってしまい、盛り上げられなかった。個人的なことや会社に入った動機を聞こうかと思ったが、変に思われるのでは？　と萎縮し、何も聞けなかった。

どうすればいいか？
変に思われるのでは？　怒られるのでは？　という気持ちがあるので、聞けないのだろう。無口な人の場合は「〇〇さんのことを少し聞かせていただいていいですか？」と思い切って聞いてみよう。

うまくいったことと、その具体例

プレゼンに入る前に「なぜ、このお話を聞いてみようと思われたのですか？」と質問したら、「実は保障のことは気になっていた」と理由を言ってくれた。「それはどういうことですか？」とさらに質問ができた。それで理由がわかり、プレゼンテーションでそのことをしっかり説明したら、契約になった。お客様に「会ってくれた理由」をはじめて聞いた。こんなに簡単に答えてくれるものなのだとわかった。

なぜ、それがうまくいったか？

こちらがお願いするから会ってくれているのではない、ということがはじめてわかった。時間を取って会ってくれるのは、それなりの理由がみんなあるのだとわかった。これからも必ず聞くことを実行する。

うまくいかなかったことと、その具体例

プレゼンテーションが終わった時に、無意識にいつもどおりの「どうですか？」と言ったら、「少し考えさせて」と言われてしまい、保留になってしまった。

どうすればいいか？

「どんな感じですか？」と聞くのを完全に忘れていた。アプローチやプレゼンは練習をしていたが、クロージングの練習不足だった。特にクロージングは緊張するので、その間の取り方なども含めて、今週はクロージングを練習する。

おわりに
質問型営業を習得すれば、「理想」が「現実」に、そして「当たり前」になる

　はじめて自転車に乗れるようになった時のことを思い出してください。なかなかうまくいかなかった自転車の運転が、数日ですーっとできるようになりました。なぜか知らないけれど、身体のバランスがうまくとれるようになって、見事に乗りこなせるようになった。

　その瞬間からあなたは、どんどん自転車の運転がうまくなっていき、今までとまったく違う毎日を味わえるようになったのです。

　これが営業の仕事にも起こるのです。あなたは独自のトークスクリプトをつくり上げ、覚え、徹底的に練習をしました。

　そして、お客様にアポを取り、面談に向かいます。面談で名刺交換を行ない、「ところで」という言葉から、お客様のことを聞かせてもらいます。そして「そういう中で」という言葉をきっかけに、現在の仕事の状況を聞かせてもらい、当社が扱っている分野について、トークスクリプトどおりに「現状」「欲求」「課題」「解決策」「欲求の再確認」と順番に質問していきます。予定どおりにプレゼンに入り、クロージングに自然に結びつき、見事、契約となるのです。

　あなたはこの時、トークスクリプトのすごさを実感するでしょう。そして頭の中には、アプローチからクロージングに至るまでの、契約になった「理想の場面」を焼きつけるでしょう。

　実は、ここから劇的にあなたの営業人生が変わりはじめます。あな

たは「理想の場面」が現実になった体験をしたことで、この面談以降、自然にそれを実現できるようになっていくのです。

　その「理想の場面」の雰囲気、笑顔、質問の仕方、共感のすべてへと近づいていけるようになるのです。

　そして、気づくとあなたは「理想の場面」を何度も実現できるようになり、ついには「当たり前の場面」になるのです。

　あなたには素晴らしい適応能力があるのです。はじめる前は強い違和感があり、「本当にそんなことができるの？」という疑念を持つかもしれません。しかし、必ず「理想」を「現実」に、そして「当たり前」へとすることができる日がやってくるのです。

　その時にこそ、新しい世界が広がりはじめます。営業の仕事がこんなにも楽しく、喜びに満ちたものなのかという驚きの世界です。その世界を手に入れられるかどうかは、あなたにかかっています。

　質問型営業で「理想の場面」を手に入れ、人生までも変えた方がすでにたくさんいます。その方々は、営業における悩みを消し去り、仕事を楽しみと喜びへと切り替えています。

　どうか、あなたも実現してください。これは現実に起こることなのです。私のお伝えしていることを信じてください。必ずや劇的に営業の仕事が変わる日がやってくるのです！　あなたの営業人生が素晴らしいものになることを確信しています。

著者略歴

青木 毅（あおき たけし）

1955年生まれ。大阪工業大学卒業後、飲食業・サービス業・不動産業を経験し、米国人材教育会社代理店入社。88年、セールスマン1000名以上の中で5年間の累計業績1位の実績をあげる。97年に質問型営業を開発。98年には個人・代理店実績全国第1位となり、世界84ヶ国の代理店2500社の中で世界大賞を獲得。2002年に質問型セルフマネジメントを開発。大阪府、東京都など、自治体への質問型コミュニケーションを担当指導する。08年、質問型営業のコンサルティングを企業・個人に向けてスタート。現在、大手カーディーラー、ハウスメーカー、保険会社、メーカーなどで指導を行ない、3ヶ月で成果をあげ、高い評価を得ている。16年、一般社団法人質問型コミュニケーション協会を設立。一般の方々への質問型コミュニケーションの普及を開始している。
Podcast番組「青木毅の質問型営業」は累計ダウンロード数が300万回を突破。著書に『「3つの言葉」だけで売上が伸びる質問型営業』『3か月でトップセールスになる 質問型営業最強フレーズ50』（ダイヤモンド社）、『説得・説明なしでも売れる！「質問型営業」のしかけ』『質問型営業で断られずにクロージング 営業は「質問」で決まる！』『質問型営業でアポ取り・訪問がラクになる アプローチは「質問」で突破する！』（同文舘出版）などがある。

「質問型営業®」「質問型マネジメント®」「質問型セルフマネジメント®」「質問型コミュニケーション®」は株式会社リアライズの登録商標です。

図解 新人の「質問型営業」

平成29年2月8日 初版発行

著　者	青木毅
発行者	中島治久
発行所	同文舘出版株式会社

東京都千代田区神田神保町1-41 〒101-0051
電話 営業03（3294）1801　編集03（3294）1802
振替 00100-8-42935
http://www.dobunkan.co.jp

©T.Aoki　　ISBN978-4-495-53491-2
印刷／製本：萩原印刷　　Printed in Japan 2017

JCOPY ＜(社)出版者著作権管理機構 委託出版物＞
本書の無断複写は著作権法上での例外を除き禁じられています。複写される場合は、そのつど事前に、(社)出版者著作権管理機構（電話 03-3513-6969、FAX 03-3513-6979、e-mail: info@jcopy.or.jp）の許諾を得てください。